写真が語る旭川

～明治から平成まで～

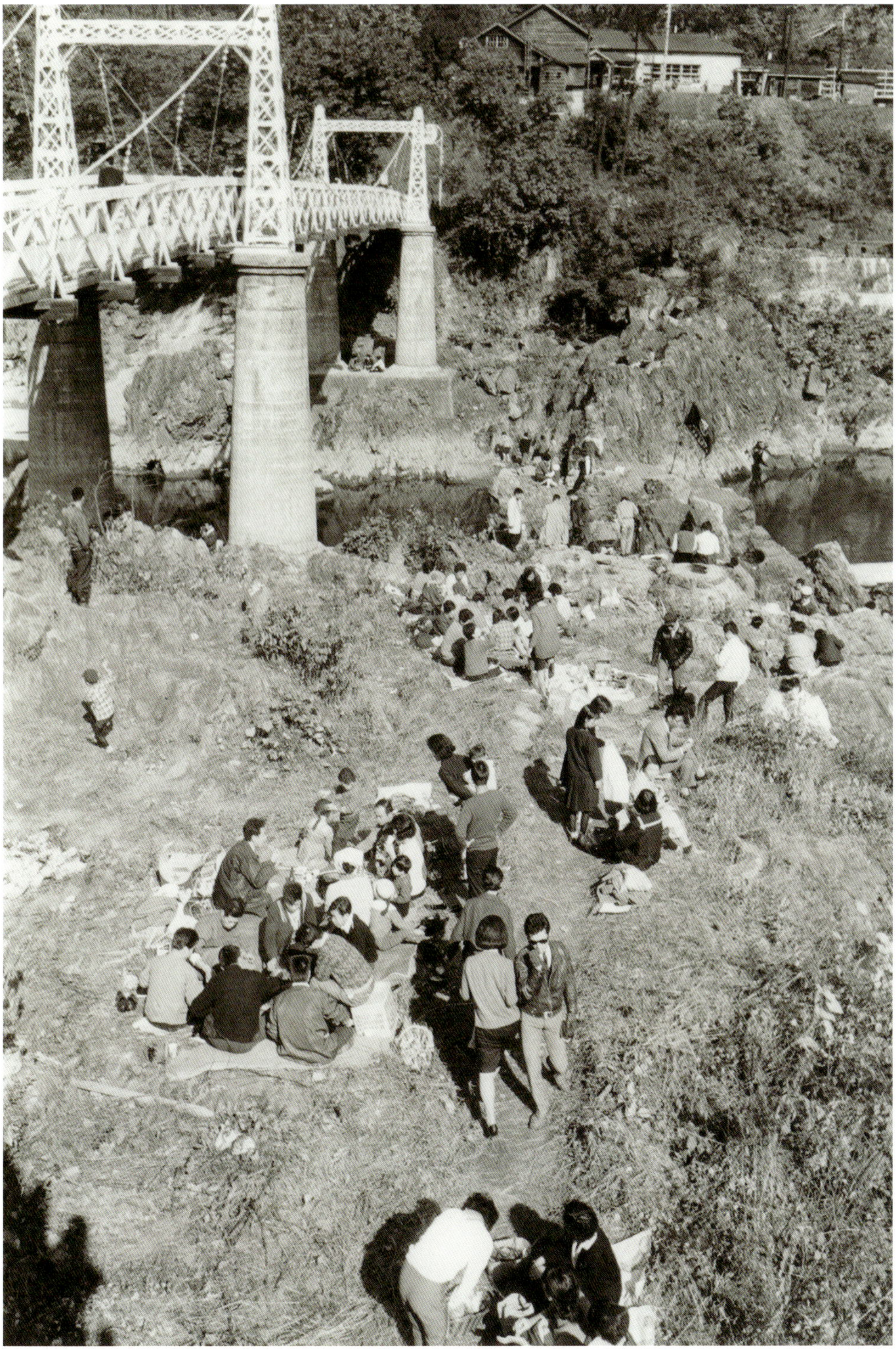

行楽客でにぎわう神居古潭

●1965（昭和40）年　撮影：松下　實

北海道新聞社

写真が語る旭川

～明治から平成まで～

【目次】

【巻頭特集1】 空から見た旭川市街地 …… 4
戦前から近年まで、航空写真で見る街の変遷

【巻頭特集2】 地図に見る街並みの変遷 …… 12
河川改修による市街の発展も一目瞭然に

【第1章】 開拓の歴史 …… 18
山野が切り拓かれ、街の礎が築かれていく頃

【第2章】 第七師団と戦争 …… 24
屯田兵の入植、第七師団の設置、そして戦中戦後の街は……

【第3章】 建物のいろいろ ――官庁・銀行・病院など―― …… 40
明治大正期の街で存在感を放った名建築

【第4章】 産業と街並み …… 50
商・工業の起こりと街の発展、商店街の賑わい

【第5章】 交通と乗り物 …… 80
明治に開業した官設鉄道。市内電車、ＳＬの思い出も

【第6章】 街は川とともに …… 96
洪水と戦った時代。旭橋の誕生、川と生きる人々の姿

【第7章】 学校とスポーツ …… 110
明治以後、各時代の学舎の記憶と、スポーツの名場面

【第8章】 娯楽と行楽 …… 122
お祭り、映画、ばんえい競馬……庶民に愛された娯楽の数々

【第9章】 昭和・戦後の街 …… 134
多くの人が記憶する、なつかしい昭和の街の風景

【第10章】 アイヌ文化 …… 150
旭川にゆかりの深い、先住民族の生活文化を伝える行事・できごと

【巻末】 主要事項年表 …… 156

空から見た旭川市街地

石狩川が流れる北の原野で、突如として街づくりが始まってからおよそ130年――。今や道北の拠点であり、北海道第2の都市でもある旭川の街の変化を、空からの眺めで振り返る。

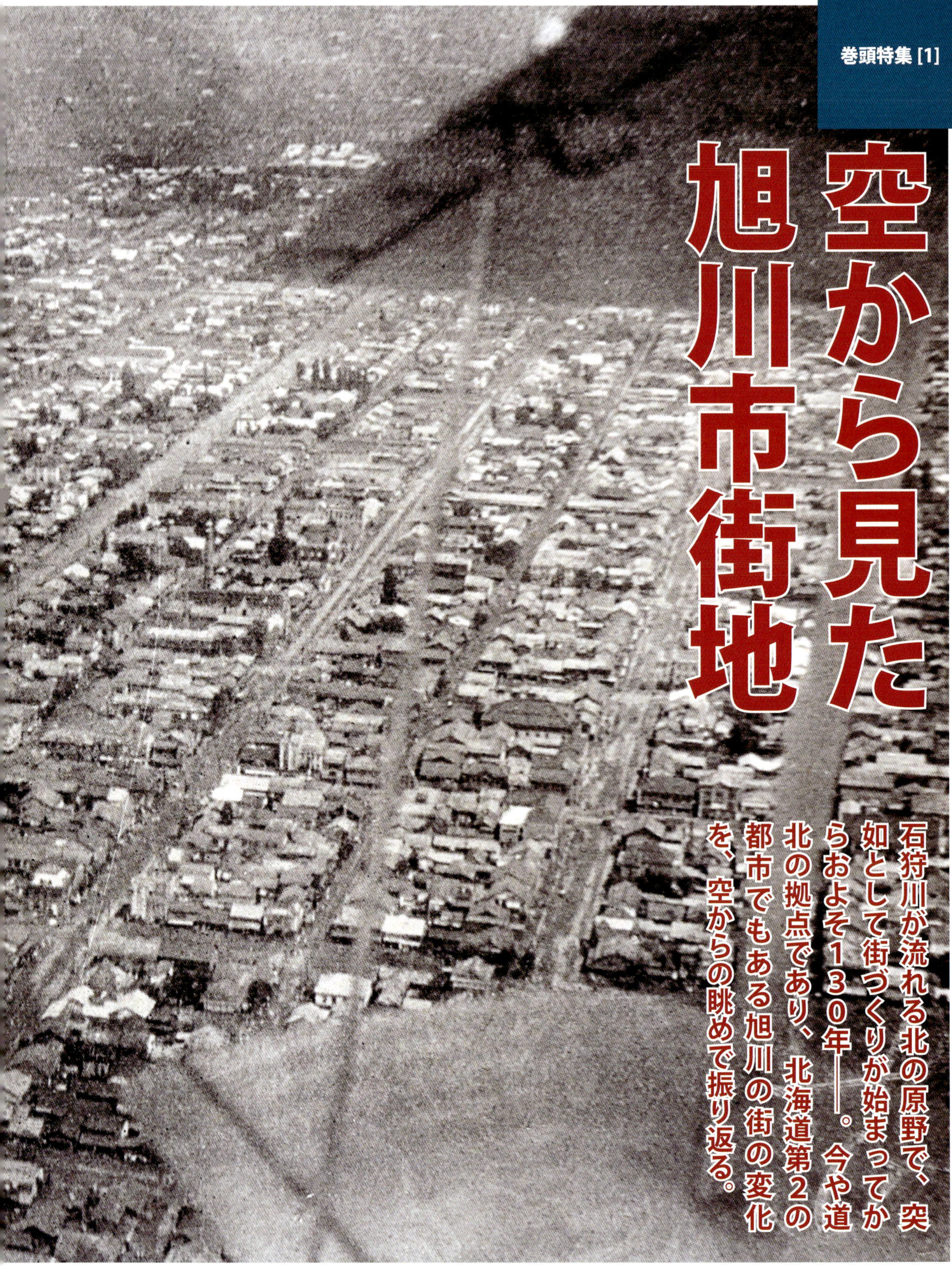

が印象的だ。木造住宅街の中、所々に大型の建築物があらわれているのがわかる。

●昭和5（1930）年発行「日本地理大系・北海道樺太編」より

▲昭和4（1929）年

昭和4（1929）年の旭川市街を朝日新聞社機から撮影したもの。画面右に写る複葉機特有の2枚の主翼

▲昭和34（1959）年

昭和34（1959）年の旭川市街地上空。4条8丁目付近から北方を望む。中央手前の白い高層ビルはニュー北海ホテル。緑橋通りを挟んで右奥の9階建ては、完成したばかりの旭川市役所（→P43）。

●旭川市中央図書館所蔵

旭川駅とその北側に広がる中心市街地。駅前はデパートや商店などが密集している。国鉄全盛期の旭川駅は、道央と道東、道北を結ぶ要所であり、多くの乗降客で賑わった。

●北海道新聞社所蔵

▼昭和40（1965）年

▲昭和46（1971）年

函館本線が電化された影響で、鉄道を利用する人もさらに増加した。旭川駅前周辺のビルの屋上は、懐かしいネオンサインで溢れている。

●北海道新聞社所蔵

【左ページ上】

◀昭和55（1980）年

買物公園が定着し、地元をはじめ東京資本の大手百貨店が進出するなど、活気に満ちていた駅前の中心市街地。出張するビジネスマンが増え、ホテル建設ラッシュも続いた。

●北海道新聞社所蔵

【左ページ下】

◀昭和56（1981）年

旭川駅上空から街の北側を望む。人口の増加とともに、石狩川の両側に広がる春光や末広、永山といった住宅地がさらに拡大していった。

●北海道新聞社所蔵

巻頭

1 開拓の歴史
2 第七師団と戦争
3 建物のいろいろ
4 産業と街並み
5 交通と乗り物
6 街は川とともに
7 学校とスポーツ
8 娯楽と行楽
9 昭和戦後の街
10 アイヌ文化

◀平成21（2009）年

JR旭川駅周辺開発事業「北彩都あさひかわ」の中核となる、JR旭川駅の高架工事。「川を間近に感じたい」というコンセプトから、新駅舎は70メートル忠別川寄りへ移動した。プロジェクトの構想どおり、鉄道高架完成以降は駅周辺はもちろん、川を挟んだ駅南側の開発がさらに進んだ。

●北海道新聞社所蔵

▲昭和63（1988）年

バブル経済に沸く、華やかなりし頃の旭川。中心市街地は10階建て以上のデパート、ホテル、マンションなどが軒を連ねる。以降、旭川市は経済発展とともに地方拠点都市としての重要性をさらに増していく。

●北海道新聞社所蔵

大雪山系のふもと、上川盆地に広がる旭川市は札幌、仙台に次ぐ北日本第3の都市だ。ピーク時に比べ減少したものの、およそ35万人の人口を抱え、道東北の経済を支えている。

●北海道新聞ヘリから　大島拓人撮影

▼平成27（2015）年

地図に見る街並みの変遷

旭川の地図の特徴は、街の中心部を縦横無尽に流れる多くの河川。各時代の地図をたどっていくと、川に囲まれた市街地が徐々に整備されていく様子がわかる。また市街地から川を挟んで北側に広がる第七師団の広大な敷地は、軍都として栄えた旭川を如実に示している。

明治二十三年旭川地図

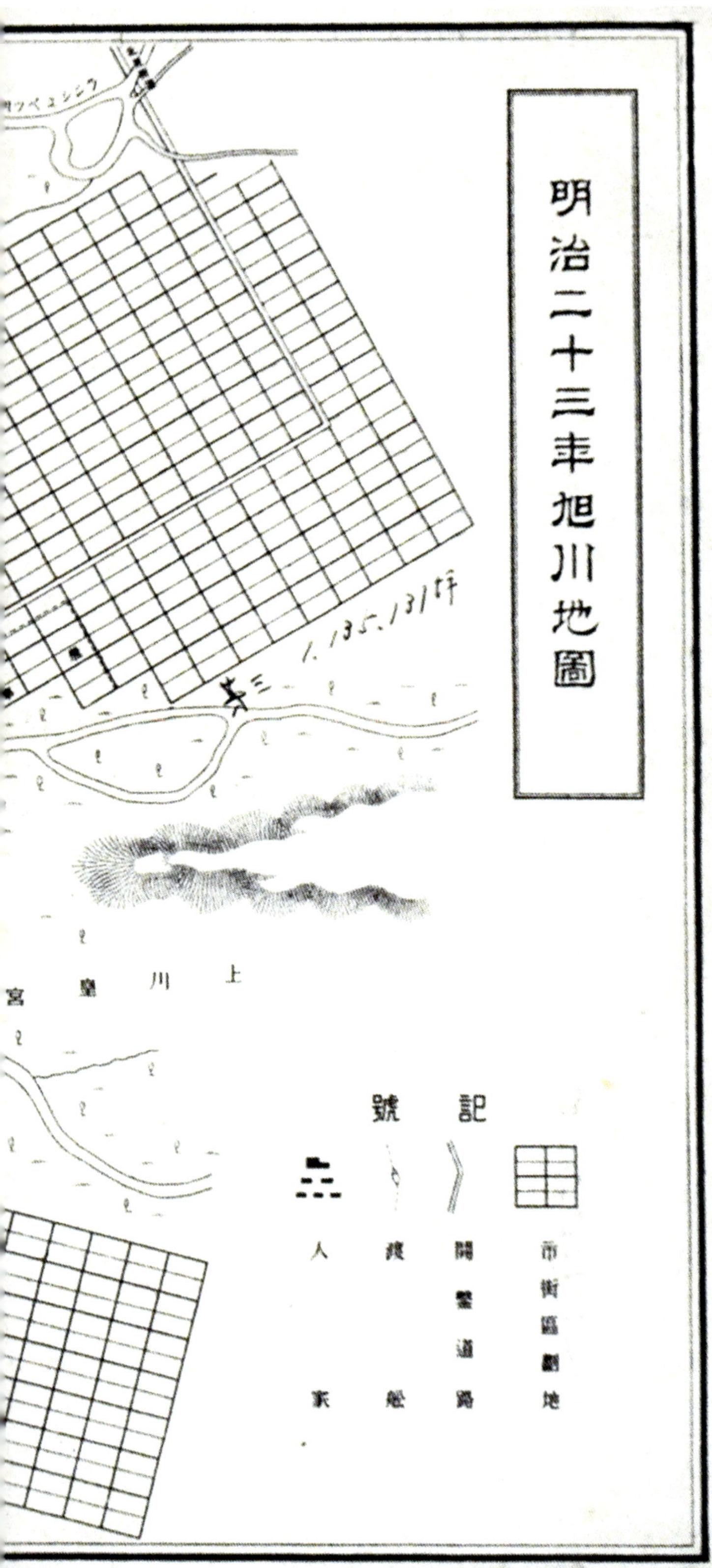

【明治23（1890）年】

現旭川市街地は、明治23（1890）年頃は「上川市街第三市街地」と称されていた。同年9月に上川郡に旭川、神居、永山の3村が設置されると、区画を整理縮小して第一市街地（地図左下の部分）を廃することを決定。第二、第三市街地の道路づくりが始まった。欧米風の整然とした碁盤状の区画は、今も他都市に誇り得る貴重な財産といえる。

北）

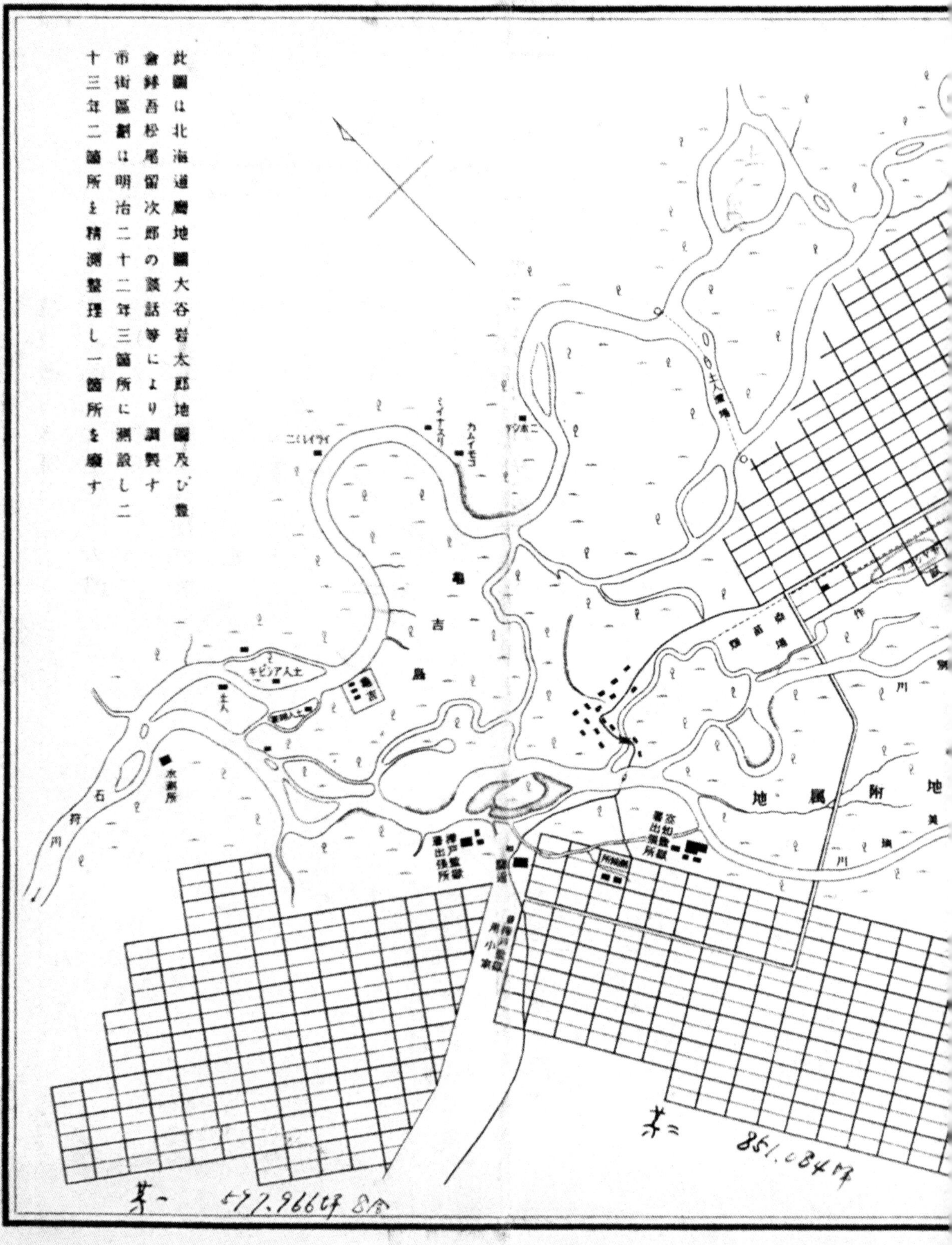

（道史編纂係　河野常吉調製）

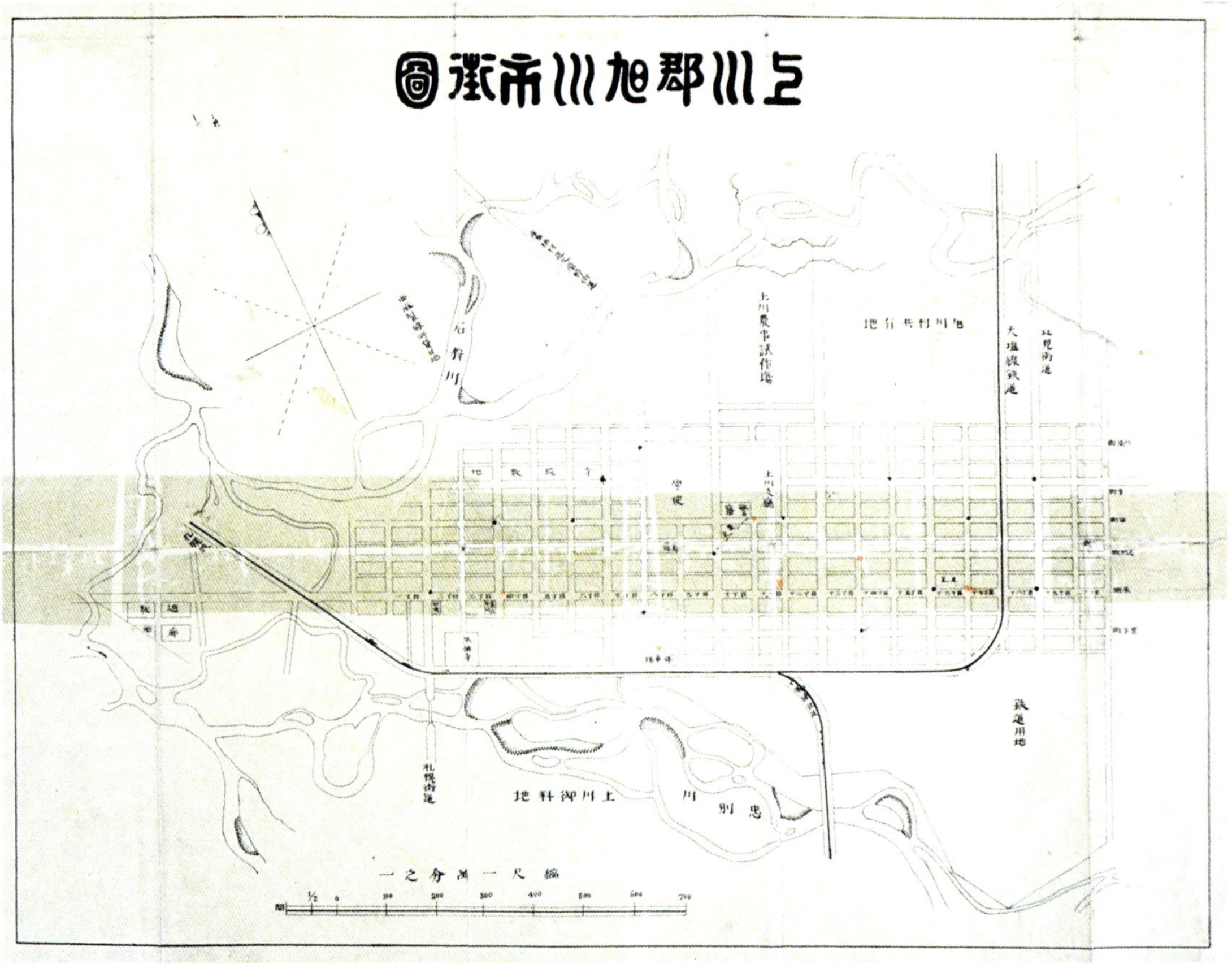
上川郡旭川市街圖
石狩川
上川農事試作場
旭川村共有地
天塩線鉄道
北見街道
鉄道用地
札幌街道
上川御料地
忠別川
縮尺一萬分之一
100 200 300 400 500 600 700

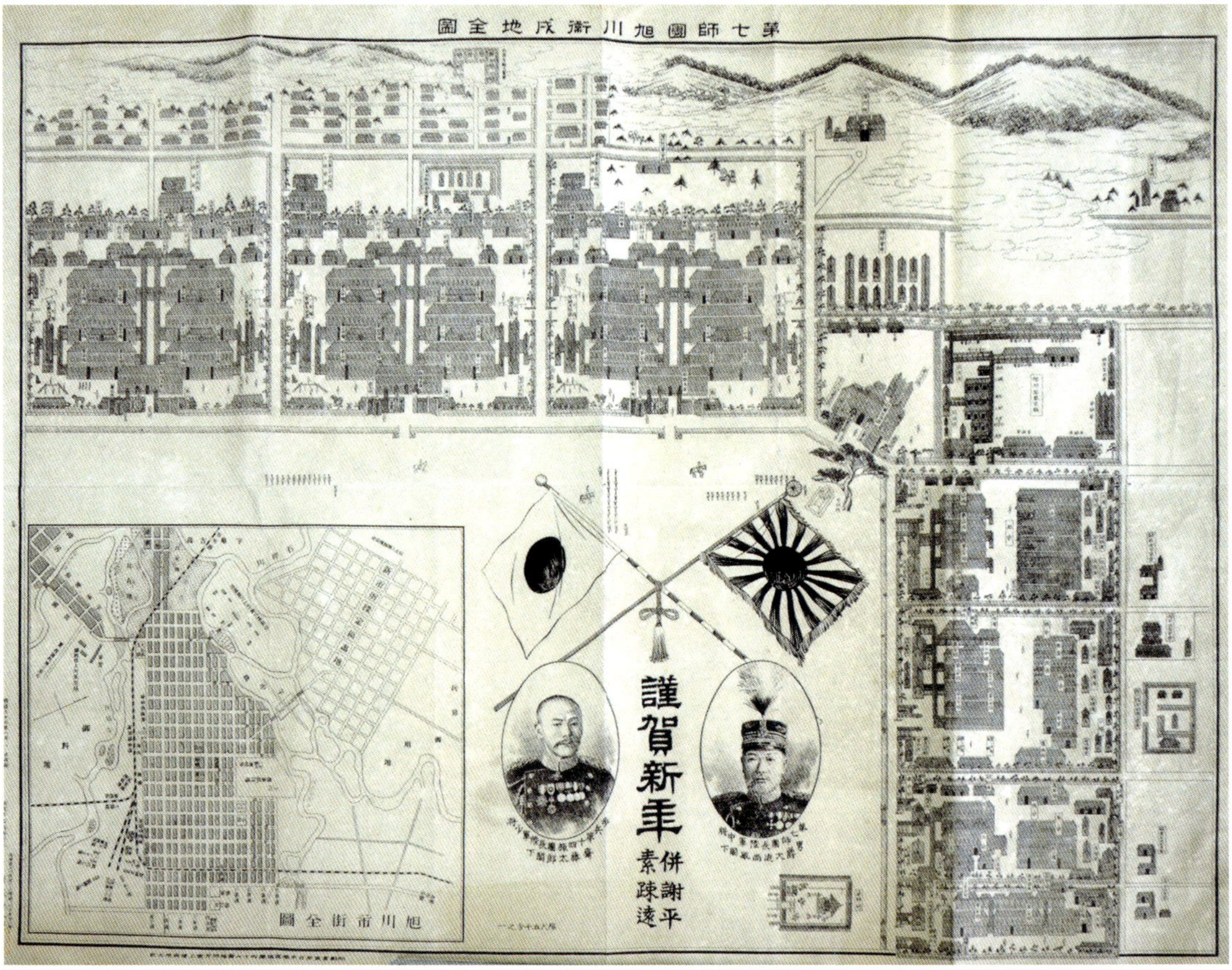
第七師團旭川衛戍地全圖
謹賀新年
併謝平素疎遠
旭川市街全圖

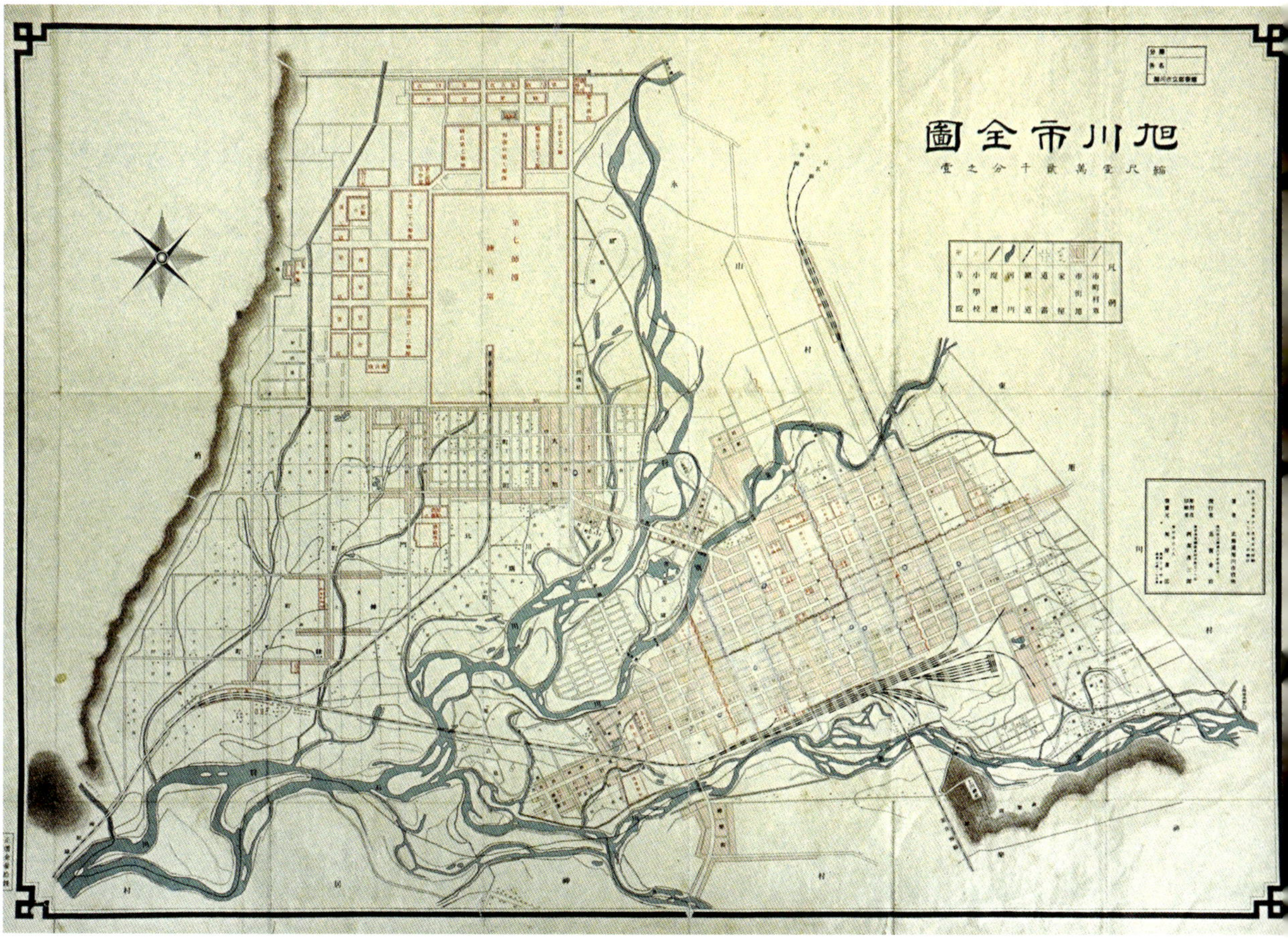

旭川市全図

【大正15（１９２６）年】

大正11（１９２２）年に旭川市制が施行されて以降、忠別川と牛朱別《うしゅべつ》川に挟まれた市街地は徐々に拡大していった。その一方で、地図の上部を占める第七師団の面積の広さには目を見張るものがある。

〈右ページ上〉

上川郡旭川市街図

【明治31（1898）年】

明治31（1898）年7月に空知太《そらちぶと》～旭川間の鉄道が全線開通するにともない、第七師団の設営工事が開始される。それにより膨大な人員や資金が流入して、市街地が形成されていった。

〈右ページ下〉

第七師団《だいしち》旭川衛戍《えいじゅ》地全図

【明治36（1903）年】

第七師団は北海道全体を管轄し、司令部、第13・14旅団、歩兵第26・27・28連隊、騎兵第7連隊、野砲兵第7連隊、輜重《しちょう》兵第7大隊、工兵第7大隊などの部隊が旭川に集約されていた。

旭川市地図

【昭和27／1952年】

戦後間もない旭川市中心部。河川改修が進み、現在の地形にかなり近づいている。第七師団だった施設は終戦とともに地図上から消え、跡地は警察学校と表記された。

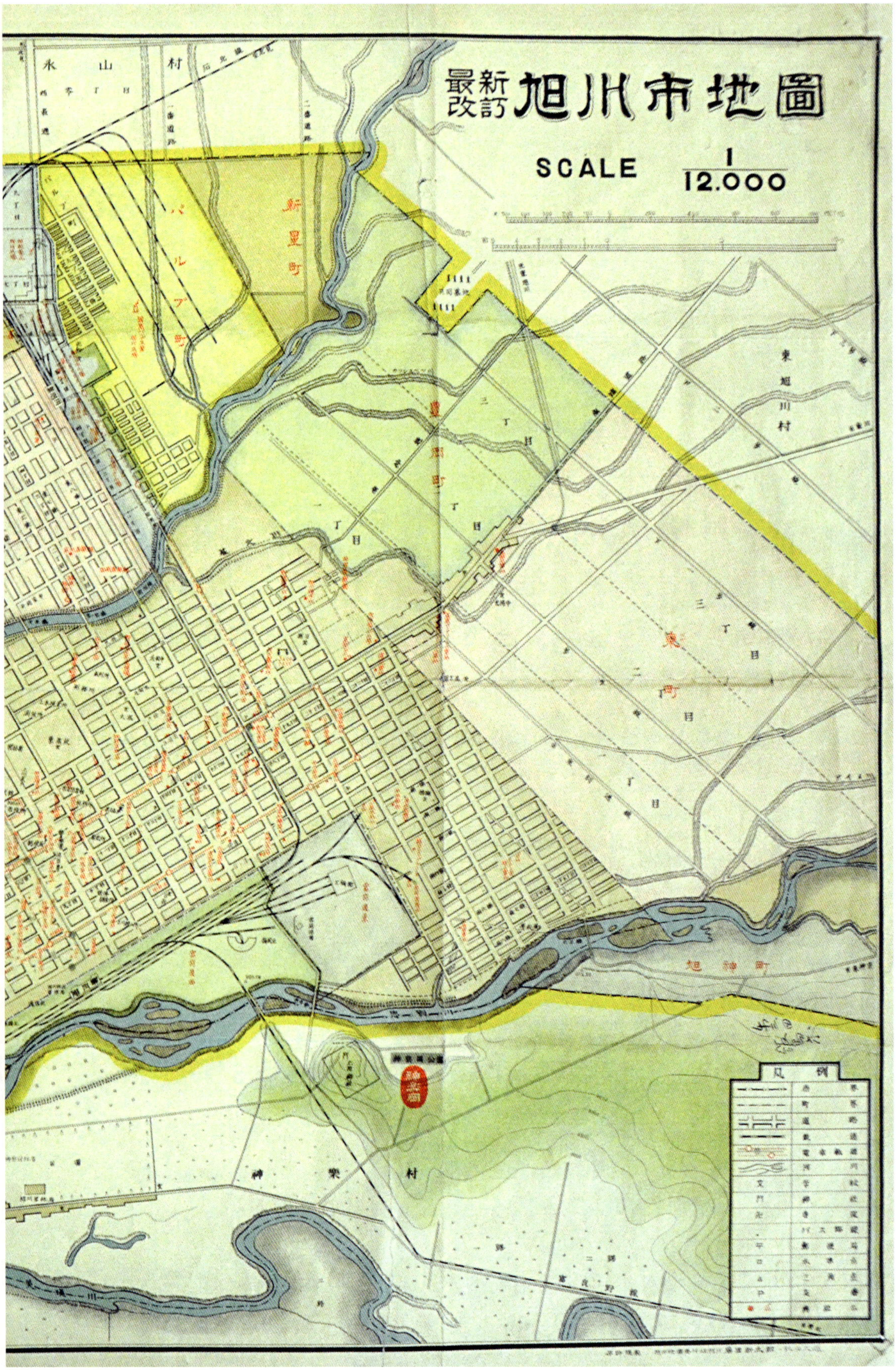

春光町
花咲町
新富町
旭橋
近文町
石狩川
共有地
神居村

［第1章］開拓の歴史

明治時代の幕開けとともに始まった北海道の近代化。北海道の中央部において、開拓の拠点として選ばれたのが上川盆地だ。まずは山野を切り拓いて農業が始まり、やがて街の礎が築かれていく。

解説

明治2（1869）年、北海道と名付けられた北の大地を開拓するために「開拓使」が設置されます。開拓使判官であった岩村通俊の命令を受けた高畑利宣は、明治5（1872）年に石狩川を上って上川盆地の調査を行い、報告書を提出しました。そこには、上川地方が強風もなく、樹木が生い茂げり、農作物の成育にも適している肥沃な大地であることが書かれていました。

その後、司法大輔に就任した岩村は明治18（1885）年に初めて上川に入り、屯田兵本部長・永山武四郎とともに近文山から上川盆地を視察。あらためてこの地の開拓の必要性を認識します。翌年、新しく設置された北海道庁の初代長官に就任した岩村は、直ちに上川仮道路の開削や農業試験場の設置などを指示。こうして上川開拓が進められ、明治23（1890）年9月20日「上川郡に神居、旭川、永山の3村を置く」という道庁告示のもと、3つの村が開村したのです。

明治24（1891）年以降、永山、東旭川、当麻に、それぞれ400戸の屯田兵が入植して、さらに開拓が進められます。また、個人、団体をも含めて多くの人びとが旭川の地に移り住み、森林を開き、大地を耕し、開拓の仕事に従事しました。今日、平坦部に広がる田畑は、これらの先人の汗と努力によって生み出されたものといえます。

明治18（1885）年8月、政府から北海道開拓の実情を調査せよとの命を受けた岩村通俊は、永山武四郎とともに上川原野へと向かう。このとき近文山から上川盆地を俯瞰した岩村は、その豊かな原野を前に上川開発の重要性を認識し、翌明治19（1886）年、北海道庁初代長官に就任後すぐに上川原野の開発に着手。二代目北海道庁長官の永山武四郎とともに、開拓の基礎を作り上げた。

岩村、永山などが上川盆地を眺めた近文山頂には、岩村自身の筆となる「国見の碑」が建てられ、旭川市の文化財として現存する。厳しい風雪に耐えて来た上川地方最古の歴史的石碑である。

▲近文山国見の碑（開拓記念碑）

●昭和30年代
●旭川市中央図書館所蔵

国見の碑、碑文（原文を書き下し）

「明治十八年八月、岩村通俊、永山武四郎、長谷部辰連、佐藤秀顕等、おのおのその官事を以てこの山に登る。すなわち山河囲繞し、原野広大、実に天府の富あり、他年大道、砥の如く、都府すでに成らば、相ともに再び登り、杯を挙げて酣飲、以て今日を談ぜん。すなわち相謀って碑を建て、以てこれを後に遺すという」

1条5丁目より曙方面を望む

●明治26（1893）年　●旭川市中央図書館所蔵

忠別太《ちゅうべつぶと》までの上川仮新道の開削調査・工事は、おもに樺戸監獄囚人の労役によるものだった。道路の完成や美瑛・神楽の二橋の竣工などによって人馬の通行、往来が増えるに伴い、旅行者の宿泊や人馬の継立の交通施設となる「駅逓」設置の要望が高まった。旭川に初めての2階建ての官設駅逓が開設したのは、明治24（1891）年3月。写真左側の高い建物がそれで、網走始点から12番目にあたる12号駅逓である。駅逓が置かれた現在の1条5丁目右3号は、市街の中心が師団通りに移るまで繁華街として栄えた。明治36（1903）年9月24日廃止、以後は管理人の阿部格太郎が旅館として経営にあたった。

1条2丁目交差点より5丁目方面を望む

●明治26（1893）年頃
●旭川市中央図書館所蔵

街づくりの区画整備や1・2条通など主要道路の設定が明治23（1890）年に終わると、続く明治25（1892）年より本格的に民間への土地の貸下がはじまった。1～2条には住宅、商店が建ちはじめ、明治26（1893）年には郵便電信局（写真右端）の仮庁舎が造られた。1条1丁目右10号角には、忠別太番外地土橋（現曙1条3丁目）付近から移った大谷岩太郎氏の雑貨呉服店があり、卸売りも始めていたと伝えられる。

▲旭川市街発祥の地「曙」

●明治24（1891）年頃
●旭川市中央図書館所蔵

明治19（1886）年、空知太《そらちぷと》（砂川）から忠別太《ちゅうべつぷと》（旭川）の道路開削がはじまると、石狩川と忠別川との分岐付近に徒歩や渡船、土橋などによって人々が少しずつ集まり、忠別太番外地と呼ばれるようになった。永山村への屯田兵入植がはじまった明治24（1891）年には、屯田兵村宿舎建築資材供給のための木挽所ができ、作業員や商人が相次いで移住、30〜40戸の仮小屋の集落ができた。これが旭川市街の発祥となり、この地は後に「曙町」と名付けられる。茫々たる原野に並ぶ平屋住宅や、森を切り拓いた際の切り株などが収められたこの写真は、開拓当時の様子を写した旭川の最も古い写真のひとつである。

◀開拓当時の小屋掛け

●大正〜昭和初期
●旭川市中央図書館所蔵

大正から昭和初期と思われる、開墾地で屋根を葺く人々。極寒の気象条件の中では、防寒性の高い住まいを得ることは緊急・絶対的条件だった。

▲忠別消防組

●明治30（１８９７）年頃
●旭川市中央図書館所蔵

旭川消防の歴史は、私設消防組、公設消防組、警防団および自治体消防と大きく３つの時代に分けられる。私設時代の明治25（１８９２）年、1条2丁目右9号に札幌警察署旭川分署庁舎と火の見櫓が建てられた記録が最も古い。同じ年、宮内大臣が視察で来旭することを受け、有志が仮の消防隊を組織、宿舎警備にあたっている。

写真は明治27（１８９４）年6月に、旭川初の私設消防組として認可された忠別消防組。今の1条3丁目に番屋を設け、竜吐水ポンプ1台と消防用具を備えた。初代組頭は阿部格太郎。同年12月には公設消防となり、旭川村忠別消防組と改称した。火事のないときには、博徒や無頼漢が起こす騒ぎに鳶口《とびぐち》をかついで駆けつけ、警官と協力して鎮めていたという。

▼永山兵村

●明治20年代　●旭川市博物館所蔵

北方警備と開墾を目的とした屯田兵制度は、開拓使時代の明治7（1874）年に制定されている。上川地方では明治24（1891）年6月の永山をはじめ、旭川、当麻、剣淵、士別に兵村が配置された。

屯田兵制度が廃止された明治37（1904）年までの間に入植したのは37兵村、7,337戸。家族を含めると、39,911人にのぼる。平民屯田の道を開いた永山武四郎司令官の名を冠した永山兵村は、他と違い密林や泥炭地ではなくほとんどが草原地帯だった。このため入植した年から多くの収穫を得、開拓は抜群の成果をあげた。

1条9丁目より7・8丁目方面の町並▼

●明治33（1900）年頃　●旭川市中央図書館所蔵

写真右側角（1条8丁目左10号）に薬の看板をたくさん掲げる商店は、明治33（1900）年頃完成したばかりの丸一斎藤薬局支店。建築中の3階建ての建物は、丸井今井呉服金物支店の倉庫であろう。まだ電灯はなく、電柱は電信用のものだったと考えられる。夜道を照らすのは、かすかな月明かりと軒先に掲げられたランプのみであった。

［第2章］第《だい》七《しち》師《し》団《だん》と戦争

明治前期に導入された屯田兵制度のもと、旭川には多数の屯田兵が入植した。その後、明治27（１８９４）年に日清戦争が始まると、軍事力を強化するため第七師団が旭川に置かれる。〝軍都〟として街が発展するのはここからだ。

解説

明治維新後、新政府はいち早く軍制の改革に取り組み、北海道と沖縄を除いて徴兵制を実施します。こうした国民皆兵によって、津軽海峡の南には六師団が設置されました。まだ人口の少なかった北海道には明治7（１８７４）年、平時は開拓を行い、非常時には兵として戦場に赴く屯田兵制度が導入されました。明治24（１８９１）年に永山、翌25年に東旭川、明治26年は当麻に、それぞれ４００戸ずつ屯田兵の入植を募集しています。明治27年の日清戦争では、屯田兵本部長であった永山武四郎が臨時第七師団長となって、屯田兵を出兵させましたが、東京到着時点で講和となり、大陸に渡ることなく帰還しました。

日清戦争の後、明治29（１８９６）年に軍制の改革があり、それまでの六師団から十二師団に改変され、北海道には第七師団が編成されることになりました。この師団は最初、札幌市の月寒に置かれましたが、明治32（１８９９）年、鉄道の開通を待って近文原野で移設工事がはじめられ、同35（１９０２）年に完成。司令部をはじめ、歩兵三連隊と各隊が旭川に移ってきます。明治37（１９０４）年からの日露戦争には、旅順攻略の増援戦力として出兵。その後は陸軍最強の部隊としてシベリアや満州、ガダルカナル島への出兵を繰り返すなど、第七師団の隊員たちは多くの激戦地に送り込まれました。

歩兵三連隊と各隊が駐留した師団を抱えた旭川は、道内の一都市としては軍人、兵士の最も多い街でした。この第七師団の設置は、その後の街の発展に大きな影響を与えています。このように大きな師団が存在していたにもかかわらず、戦闘機の飛来はわずかで、旭川の街は、戦争の被害が少なく済んでいます。

完成当時の陸軍第七師団

●明治35（1902）年頃　●「上川便覧」

終戦時まで「全国一の規模」と言われた第七師団の全景。板ガラスがあまり普及していない時代にふんだんにガラス窓が使われ、市民がランプ生活をするなか明治38（1905）年には電気がひかれるなど、当時の最先端の技術が注ぎ込まれ、旭川の街にその偉容を誇った。

戦前、北海道に住む男子は20歳を迎えると誰もがこの第七師団の門をくぐったという。1年の半分が雪に閉ざされ、夏は猛暑が襲う大陸的気候のなかで鍛えられた将兵は、予想戦場にうってつけの精兵として育て上げられていった。

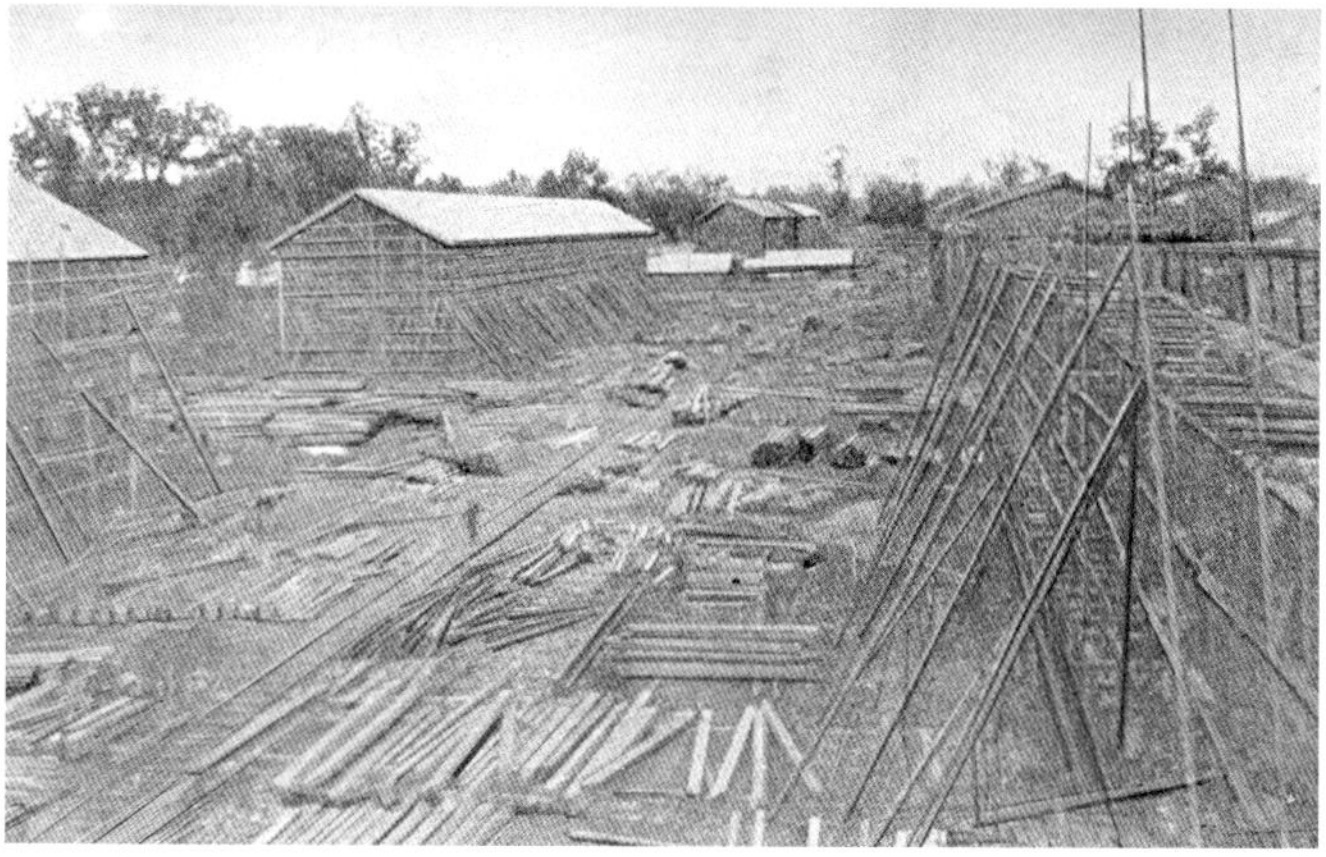

◀建築工事が進む第七師団兵舎

●明治30年代　●旭川市中央図書館所蔵

第七師団兵舎の建設工事開始は明治32（1899）年7月。総工費の329万9034円は現在の価格に換算すると1000億円にも相当するという。まさに旭川始まって以来の大工事となった。建設を請負った大倉組は日々数千の職人、作業員を使ったといわれている。

▲春光台より望む第七師団。ここに歩兵3個連隊と4個の特科隊およびそれぞれに覆馬場、師団司令部、病院、監獄、憲兵隊、兵器支廠、官舎500余戸、それに偕行社（建物は現存）などが建ち並んだ。
●大正8（1919）年頃
●「第七師団西伯利亜出征凱旋記念写真帖」

▲明治27（1894）年6月、日清戦争が勃発。近代日本初の対外戦争にあたって北海道の屯田兵にも招集令が下され、陸軍少将であった永山武四郎を司令官とする臨時第七師団が編成された。第一軍へ編入し野戦へと臨むため明治28（1895）年3月に旭川を出発、東京で1カ月余待機し訓練に精励したが、日本軍の勝利により出兵することなく旭川に凱旋した。写真は東京青山練兵場での訓練風景。
●明治28（1895）年
●「東旭川町史」

▲日露戦争出征

●明治37（1904）年9月27日
●旭川市中央図書館所蔵

日露戦争の開戦は明治37（1904）年2月。黄海・蔚山の海戦で艦隊を撃破し、北の海に対する脅威が薄らいだ8月、ついに第七師団に動員の命が下った。師団長は大迫尚敏中将。師団から駅前に至る沿道には、市民をはじめ全道から道民が押し寄せ、数多の日章旗が揺れるなかで万歳と軍歌の合唱が響き渡った。

◀日露戦争からの凱旋

●明治39（1906）年　●旭川市中央図書館所蔵

第七師団将兵の第1回凱旋は、明治39（1906）年。旭川では騎兵第七連隊第一中隊を皮切りに、連日凱旋が行われた。歴戦の勇姿を讃える祝賀ムードが伝わってくる1枚だ。

▼ 旅順軍港攻防戦、水師営で停戦条約締結

旅順では地の利を活かした要塞と最新兵器「機関銃」の前に、二度にわたる総攻撃でいずれも多数の戦死傷者を出した。第七師団は第3軍（乃木希典司令官）に編入され、第3回旅順港総攻撃に参加。203高地総攻撃に当たり、攻城砲、野砲の支援を得て、壮烈な肉弾戦を繰り返した。激戦を経て明治37（1904）年12月6日未明、ようやくこれを占領。「難攻不落」と呼ばれた旅順要塞陥落の突破口となった。

翌38（1905）年元旦、ロシア軍は降伏の軍使を差し向け、以降の戦局を有利にする水師営の会見が行われた。写真はそのときのもの。2列目中央の2人が、乃木とステッセルの両将軍。敵将の体面を重んじた乃木は、帯剣での撮影を許した。

●明治38（1905）年1月5日　●絵葉書

▼シベリア出兵凱旋歓迎アーチ

●大正8（1919）年
●「第七師団西伯利亜出征凱旋記念写真帖」

南満州鉄道沿線警備にあたっていた第七師団に、シベリア出兵の応急準備命令が下達されたのは大正7（1918）年。アメリカ軍、支那軍（当時）とともにザバイカル、黒龍、沿海の三州の治安交通の維持に努めたが、同年11月11日、第一次世界大戦が終結。翌8（1919）年、全員が北海道へ帰還した。

旭川初の常設映画館である神田館前には凱旋歓迎アーチが設けられ、きらびやかな電飾が施された。当時としては珍しい5階建ての建物で、街の遠くからでも見えた。

▲新年を祝う中島遊郭

●大正初期　●旭川市中央図書館所蔵

「大門」と呼ばれた門がそびえ立つ中島遊郭は、第七師団が編成された5年後の明治40（1907）年にできた。30数軒あったといわれる妓楼は師団員らでにぎわい、週末には通りが軍服のカーキ色に染まったという。

▲師団通りに「すずらん灯」完成

●昭和10（1935）年　●旭川市中央図書館所蔵

旭川の名物ともなった「すずらん灯」が3・4仲通りを照らしはじめたのは昭和4（1929）年10月。続いて11月に4条線に電車の運行が開始し、旭川はますます近代都市としての形を整えていく。

◀満州出征

●昭和8（1933）年　●北鎮記念館所蔵

第七師団から旭川駅までの師団通りを行進し、満州へと出征する兵隊たち。大正7（1918）年に続き、昭和9（1934）年、同11（1936）年にも1年期限の満州派遣が命ぜられた。

満州事変に出征

●昭和9（1934）年頃
●北海道新聞社所蔵

北方防衛を任務としていた第七師団だが、その精強さは旧陸軍で「最強師団」とも呼ばれ、有事の際には所属部隊が前線に送られている。満州事変の際にも服部部隊、杉原部隊と立て続けに旭川を出発した。

満州から凱旋

●昭和10（1935）年3月
●北鎮記念館所蔵

満州への派遣を終え、師団通りを行進する第七師団の歓迎風景。沿道の両脇にできた歓迎の人垣がどこまでも続いているのがわかる。

▼国防婦人会の大行進

●昭和12（1937）年
●「記念写真帳」大日本国防婦人会旭川中央分会

大日本国防婦人会、第七師団管区本部結成式が偕行社で行われたのは昭和12（1937）年。大日本国防婦人会と書かれた白たすきにかっぽう着姿で各分会旗を掲げ、旭川駅前広場から北海道招魂社（昭和14年護国神社に改称）までを行進した。旭川支部をはじめとする1市76町村約2万人が参加。満州事変、日中戦争が続き、戦時色が一段と高まった時代、銃後の活動にその誠純な心意気が伝わってくるようである。

▲勤労奉仕に励む男子学生

●昭和19（1944）年　●北海道新聞社所蔵

日中戦争が長期化の様相を見せはじめた昭和13（1938）年、国家総動員法が制定され、労務、物資、貿易、資本、施設、物価、出版などあらゆるものが政府の統制下に置かれた。さらに「挙国一致」「尽忠報国」「堅忍不抜」のスローガンをもって国民精神総動員運動を起こす。これにより国民は戦争のための動員と奉仕を強制された。勤労者は職場ごと、学生は学校ごと、家庭でも婦人や子女は大日本国防婦人会、愛国子女会と完全に組織化され、工場や農家、公共事業から廃品回収、清掃に至るまでの作業と勤労に従事させられたのである。写真は猛暑のなか貯炭積み込みに励む旭川工業学校生。

▶空の軍神・加藤建夫

●昭和10年代　●「加藤軍神絵葉書」

東旭川村出身。隼戦闘隊長として活躍、先の中国戦線および太平洋戦争中に撃墜や撃破した敵機は、２６８機にのぼったと伝えられる。「空の軍神」と讃えられたが、昭和17（１９４２）年ビルマ（現ミャンマー）で戦死。38歳だった。

▼師団通りを進む加藤建夫の葬列

●昭和17（1942）年　●藤田尚久氏提供

ビルマ、ベンガル湾沖で壮絶な戦死を遂げた加藤建夫の葬式が昭和17（1942）年、旭川で行われた。憲兵が先導する長い葬列が師団通りを粛々と進み、沿道の住民は直立不動で見守った。同年9月、東京・築地本願寺で行われた陸軍葬に参列した約500人のなかには、当時の首相兼陸相・東条英機の姿もあった。

▲旭川市を襲ったグラマン機

●昭和20（1945）年7月
●旭川市中央図書館所蔵

終戦も間際になると、国民服、もんぺ、防空頭巾に身を固め、防火訓練、防空壕掘りが日常化する。グラマン機が飛来したのは昭和20（1945）年7月15日早朝と昼の2回。旭川は機銃掃射と爆弾投下の空襲を受けた。国策パルプと松岡木材の両工場の一部が炎上し、駅の貨車と練兵場の飛行機が襲撃された。

▶進駐軍将兵の慰安

●昭和22（1947）年
●北海道新聞社所蔵

終戦後、空洞化した師団兵舎には6000人もの米軍兵が進駐したという。写真は進駐軍将兵や家族の慰安のために開催された「熊まつり」で、小熊とたわむれる将兵たち。

▲対日講和条約調印の街頭ニュース

●昭和26（1951）年 ●北海道新聞社所蔵

旭川マルカツデパートに張り出されたのは、対日講和条約調印のニュース写真。人々がショーウインドウを食い入るように見つめている。街頭テレビはなく、街頭ラジオ、新聞もそれほど普及していなかった当時、市民が国内外の情勢を知るためには、このような掲示板は貴重な存在であった。

▶警察予備隊第一陣 約900人

●昭和25（1950）年　●北海道新聞社所蔵

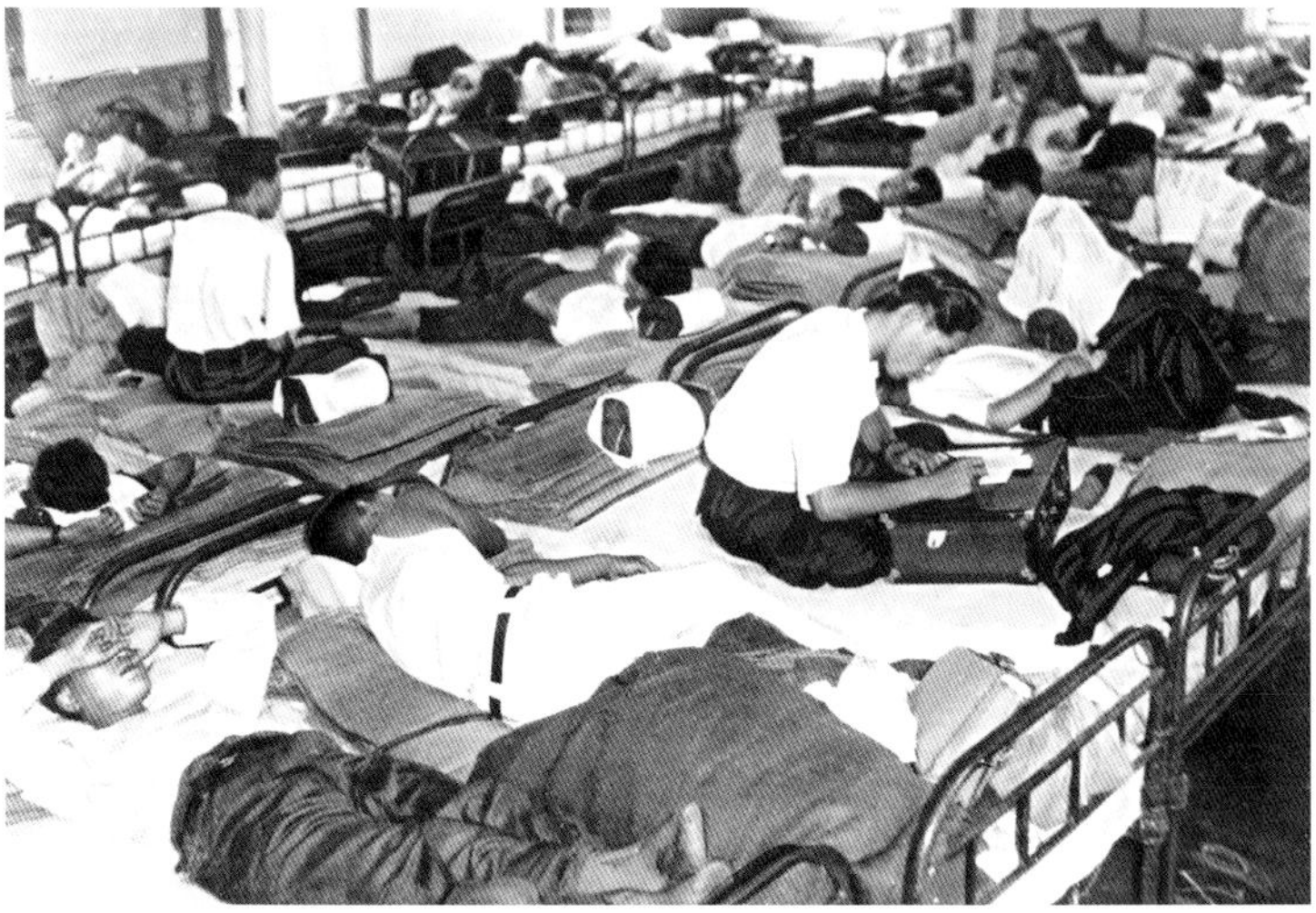

昭和25（1950）年、朝鮮戦争が引き金となり8月、警察予備隊令が交付された。志願者が多く、試験は5倍以上の倍率になったという。初期の人員教育は国家地方警察によって行われた。写真は、元旭川師団四部隊の札幌管区警察学校宿舎で寛ぐ入隊者たち。

◀不在者投票に集まった保安隊員たち

●昭和28（1953）年　●北海道新聞社所蔵

各地から集まり、異動も多かった保安隊員たち。選挙が近くなり、不在者投票用紙を請求するための列ができた。写真は昭和28（1953）年4月の撮影。第4次吉田茂内閣、俗にいう「バカヤロー解散」後の第26回衆議院議員総選挙の投票（4月19日）だろうか。保安隊の行方が決まる重要な選挙でありながら、隊員たちの表情が明るいのが印象的だ。

警察予備隊観閲式

●昭和26（1951）年 ●北海道新聞社所蔵

全国ツアーで旭川を訪れ、平和通りを行進する警察予備隊音楽隊（元戸山学校軍楽隊）。

保安隊特科連隊の行進

●昭和28（1953）年
●北海道新聞社所蔵

昭和27(1952)年、警察予備隊は保安隊に移行。国内治安維持よりも外敵処理に主眼をおいた体制となる。そのうち第2管区隊総監部が旧練兵場跡に置かれた。写真は平和通りを行進する特科連隊。第2管区隊はそのまま陸上自衛隊第2師団へと改編され、昭和37（1962）年に編成完結する。

［第3章］建物のいろいろ

―官庁・銀行・病院など―

街が栄え、都市機能が発展するとともに生まれたさまざまな建物。とりわけ明治・大正期の建築は、古き時代の風格を漂わせて魅力的だ。

解説

明治23（1890）年9月20日、旭川村は永山村、神居村と共に北海道庁告示で開村します。この三村の役場は最初、月形の樺戸監獄に置かれました。翌24（1891）年、永山村に屯田兵が入植したのに合わせて、月形にあった三村役場が永山村に移ってきます。明治26（1893）年に旭川村、神楽村、神居村、鷹栖村の四村役場が2条10丁目に設置され、同27（1894）年10月には2条8丁目に新築移転をしています。

日清戦争が終わった後、鉄道工事がはじまったこともあり、明治29（1896）年には警察、郵便の事業も充実します。明治30（1897）年5月に札幌貯蓄銀行旭川出張店が開業し、10月には日本銀行北海道支店旭川派出所が開設されました。医療関係では、明治31（1898）年に上川医会が設立、上川地方最初の公立病院として永山病院が創設されます。明治34（1901）年には4条12丁目に博愛堂竹村医院が完成。同病院の六角形の建造物はその後移築され、現在も旭川市彫刻美術館敷地内に保存されています。商業関係では大正8（1919）年1月に糸屋銀行、そしてマルカツデパートの前身である松村呉服店が開業しています。

明治33（1900）年8月に旭川村が旭川町になり、旭川区をへて大正11（1922）年8月には旭川市となり、主要な公的機関も次第に整っていきます。

これらの建物も、街の発展にしたがって、戦後には新しく建て替えられ、設置場所にも変化が見られるようになります。

▼上川支庁、初代庁舎

●撮影時期不明
●旭川市中央図書館所蔵

明治30（1897）年7月1日、上川郡を管轄する役所として上川郡役所が設置された。1条11丁目の民家を仮庁舎としてのスタートだった。当時の管轄区域は石狩国上川郡で、同年11月に北海道庁管制交付。地方行政は郡制から支庁制に改められ、上川郡役所は上川支庁となった。12月には仮庁舎から3条11丁目に新築移転している。

▶上川支庁

●昭和3（1928）年頃
●「旭川写真帖」

大正5（1916）年、6条10丁目左に移転した庁舎。幾度かの改築を重ね、長くこの地で業務を続けていたが、平成11（1999）年、永山6条19丁目に上川合同庁舎を新築移転した。

▼ポンプ車が並ぶ消防署

●昭和20年代
●旭川市中央図書館所蔵

3条9丁目にあった消防署。庁舎前に見える車体は、昭和27（1952）年に購入配備した、道内初の「リヤカー格納」、「小型動力ポンプ積載」の消防ポンプ車であろうか。昭和33（1958）年、市総合庁舎新築にともない6条9丁目に移転。

▲旭川地方裁判所

●昭和3（1928）年　●旭川市博物館所蔵

明治33（1900）年、旭川村から旭川町へと改称され、産業・経済の基盤が整い始めるのと機を同じくして旭川区裁判所の設置が決定。翌34（1901）年、5条10丁目に開庁となった。写真は大正5（1916）年11月、8条14丁目に移転後の庁舎。庁舎本館は平屋建てで、レンガ倉庫は2階建てであった。

▲区制実施祝賀会

●大正3（1914）年9月13日
●「旭川市区制実施祝賀会記念写真帖」

明治末期から大正初期にかけ、産業、経済の活況と町民の意欲と努力により、旭川は目覚ましく発展していく。明治45（１９１２）年には実業界の有志約50人が、旭川開発期成同盟会を結成。さらなる進歩発展のために、区政の施行や独立選挙区の設置などの実現を目指した運動を展開し始める。旭川区の成立は大正３年（１９１４）。函館、札幌、小樽に次ぐ４番目の区制施行であった。

区制実施祝賀会はこの年の9月13日、区長市来源一郎を会長として盛大に催された。出席者は道庁長官、師団長、その他来賓４００余人であったと伝えられる。式後に行われた上川尋常高等小学校運動場での祝賀の宴には、雨にも関わらず行列ができた。

▲電灯や提灯で飾られた、夜の区制実施祝賀

●大正3（1914）年9月　●旭川市博物館所蔵

夜は祝賀会参列の主立ったもの100余人を旗亭登喜和に招待した。区役所前には大緑門が設けられ、国旗、花傘、提灯、電飾アーク燈がいたるところに飾り付けられた。余興には煙火、活動写真、提灯行列が行われ、多いに賑わったという。上川神社では臨時祭典を行って区民と喜びを分かち合った。

▶新築された旭川市役所新庁舎

●昭和38（1963）年
●旭川市中央図書館所蔵

約半世紀を経て老朽化著しかった旭川市役所は、昭和33（1958）年、建築家・佐藤武雄氏の設計で、鉄筋コンクリート地上9階、地下1階建てのモダンな装いに一新される。低層部に市民サービス関係の窓口と市長室・議会関係諸室を集約し、その他を高層化することでランドマーク的機能を持たせ、足下周りは庭園にして親しまれる庁舎をめざした。

市議会棟や消防棟も併設された庁舎は、近代建築の優れた設計と技術を表現しているとの評価を受け、昭和35（1960）年に日本建築学会賞を受賞。平成15年（2003）年にはドコモモ・ジャパンによる「日本におけるモダン・ムーブメントの建築」にも選ばれた。総事業費は3億6487万9000円。

しかし平成9（1997）年に行われた耐震診断により、震度3～4の地震でも倒壊の恐れがあると指摘された。このため平成27（2015）年現在、延べ約3万7000平方メートル、整備費99億～157億円の試算で建て替えが検討されている。

▲ 博愛堂竹村医院

●撮影時期不明　●旭川市中央図書館所蔵

明治32（1899）年、1条5丁目に博愛堂竹村医院を開いた竹村次郎は、明治34（1901）年、4条12丁目に新しい病院を建設する。六角形の玄関、屋根の上の風見鶏などモダンな作りで、市民に馴染み深い存在であった。

昭和43（1968）年、当時の所有者の都合で解体されたが、玄関部分の西洋風六角堂は市教育委員会に寄贈された。旧旭川偕行社（現旭川市彫刻美術館）の復元工事にあわせて同年、その敷地内に復元され、貴重な建造物として保存されている。

人力車に乗るのは、往診に出かける竹村院長その人であろうか。でこぼこの多い道での補助なのか、人力車には犬が繋がれている。大型の洋犬のようで、この時代の日本には珍しい。

▼ 上川病院

●明治31（1898）年　●旭川市博物館所蔵

医者不在による不安をのぞこうと、明治25（1892）年、本田親美戸長は月俸15円で村医を招いたが半年と続かず、重患が出るたびに札幌まで戸板で運ばなければならなかった。待望の病院創設は明治31（1898）年。2条8丁目の上川病院である。

▲旭川警察署

●大正4（1915）年頃
●旭川市中央図書館所蔵

上川新道が忠別太まで延び、旅行者などの往来が増え、また屯田兵の配備も進んだ明治24（1891）年9月、この地に初めて巡査駐在所が置かれた。翌25（1892）年秋には、曙に札幌警察署所属月形分署の巡査駐在所ができる。これが旭川の最初の警察である。以後、人口増加や市街化が急激に進み、社会情勢の変化にともない警察署に昇格する。写真は大正3（1914）年、4条10丁目右に移築された後に写されたもの。

◀改築後の旭川警察署庁舎

●昭和33（1958）年　●旭川市中央図書館所蔵

昭和19（1944）年、増改築によって大きく装いを変えた旭川警察庁舎。昭和39（1964）年には現在の6条10丁目に移転した。

◀拓殖銀行旭川支店

●大正4（1915）年頃　●「北海之礎」

明治32（1899）年に制定された北海道拓殖銀行法に基づく特殊銀行として翌33（1900）年、札幌に北海道拓殖銀行が設立。道内産業に長期・低利の融資を行った。旭川支店の開設は明治38（1905）年。木造時代に類焼の憂き目にあい、3条9丁目に仮営業所を開いた。大正2（1913）年11月に石造りの建物が落成し、その後4条9丁目に移転。普通銀行、都市銀行時代を経て長く「たくぎん」の名で親しまれてきたが、平成9（1997）年に破綻。都市銀行としては戦後初、かつ現在唯一の破綻銀行となった。かつての拓銀ビルには現在、北海道新聞旭川支社が入っている。

旧糸屋銀行▼

●昭和30年代
●旭川市中央図書館所蔵

岡山県の豪農山本新助が資本金5万円で兵庫県に設立した糸屋銀行は、明治34（1901）年、3条10丁目に旭川支店を設け道内に進出。同年、2条7丁目右にゴシック風の石造り2階建てを建立、これを本店とした。農村金融の円滑化につとめ低い金利での融資をはかったが、戦後恐慌、関東大震災など日本に押し寄せた不況の波を受け、大正15（1926）年に破産。当時の新聞には「糸屋銀行突如休業す」とある。

▼旭川信用金庫執務風景

●昭和33（1958）年
●旭川市中央図書館所蔵

旭川の中小企業の苦境を打開しようと、元旭川市長奥田千春をはじめとする地元有志8人は、産業組合法に基づく旭川信用組合の設立を企図する。大正3（1914）年、認可され、旭川区役所内に事務所を置いて発足した。これが旭川信用金庫の前身である。昭和26（1951）年、信用金庫法公布を受け旭川信用金庫となった。

▲第3次旭川郵便局

●大正4（1915）年頃
●「北海之礎」

旭川郵便局は明治26（1893）年、2条2丁目左8号に仮庁舎として創立、翌27（1894）年、1条2丁目右1号に新築移転したのを皮切りに、移転と新築を繰り返している。写真は宮下通12丁目左10号角にあった第3次旭川郵便局。その後も移転を重ね昭和57（1982）年、6条6丁目に庁舎を新築。現在に至っている。

▲電話分室での手動交換風景

●大正末頃　●旭川市中央図書館所蔵

大正2（1913）年、旭川の電話加入者が798人まで急進したことを受け、大正7（1918）年、4条9丁目左に旭川郵便局電話分室が新設された。髪型や服装までが統一され、整然とした雰囲気のなかで電話交換に励む様子を捉えた1枚。昭和6（1931）年、道内に先駆けて自動機械を導入するまで手動による電話交換が続いた。

▼北海旭新聞社

●明治末期　●旭川市中央図書館所蔵

明治34（1901）年1月1日、中島民次郎経営で第1号発刊、約1週間後第2号を出し、以後日刊となった。野口雨情や松岡蕗堂（ともに石川啄木の友人）が在籍したことがあり、明治41（1908）年には釧路新聞の記者であった啄木にも誘いがあったという。大正7（1918）年、社屋を石造りの広大な建物に新築、輪転機も導入したが、この新社屋の建築裁判問題などでつまずき廃刊に。以後、大正8（1919）年4月、北海朝日新聞として再出発したが10月廃刊、さらに北海あさひ新聞を発行したが、これも間もなく廃刊となった。

▼北海道新聞旭川支社

●昭和30（1955）年　●北海道新聞社所蔵

国家総動員法による新聞統制により「一県一紙」の方針が打ち出され、昭和17（1942）年、道内に11社あった新聞社が統合、北海道新聞となる。大正4（1915）年創刊の「北海志のゝめ新聞」を起源に持つ旭川新聞もそのひとつで、その社屋は北海道新聞の旭川支社となった。

［第4章］産業と街並み

山野を切り拓く開拓の第一段階を経て、明治時代後期以降には商業も発達。戦後になるとそれまでの〝軍都〟から脱却し、大都市としての新たな発展が始まった。

解説

アイヌの人びとは河川流域に点在して、川で魚を獲り、山野では鹿や熊などの猟や、山菜採りなどをして生活をしていました。この上川の地に最初に定住した日本人は鈴木亀蔵です。亀蔵はアイヌの人たちとの商いによって生計をたてていました。その場所は現在、亀吉の地名で残っています。旭川の商業発祥の地といえるでしょう。

旭川の産業の中心はやはり農業ですが、居住者が多くなるにしたがって生活に必要な用具を商う店が増え、商店街が形成されるようになります。札幌方面からやって来た人たちは、舟で川を渡り、曙から1条通りへと進むため、最初の商店街はこの1条通りにつくられました。そして、鉄道の開通とともに商店街の中心が駅の方へ移っていきます。

駅前からまっすぐに延びる通りは戦前、師団通りと呼ばれていました。旭橋を渡って第七師団まで人々が行き交うこの道が、戦後は平和通りと名を変え、旭川の中心商店街となります。銀行をはじめデパートや専門店が集まり、大勢の市民に親しまれる場所へと変わっていきました。昭和47（1972）年には、旭川駅から8条平和通りまでが、日本で初めての歩行者専用道路・買物公園としてスタートし、今日に至っています。

また、市内では15丁目の銀座商店街をはじめ、それぞれの地域に商店街が形成され、多くの市民が必要な生活物資を求めて賑わうようになりました。

◀樹木の根株が残る東旭川の水田風景

●明治35（1902）年頃　●旭川市中央図書館所蔵

上川地方に移住した屯田兵たちは、北方警備より開拓に重きを置き、1週間も木を切り続けてようやく大雪の山並みが見えたというほどの原生林を、家族総出で開墾していった。永山兵村（現永山地区）では明治25（1892）年、旭川兵村（現東旭川地区）では翌26（1893）年にコメの試作に成功。寒冷地のため不可能とされた稲作が可能であることを明らかにした。明治37（1904）年、屯田兵制度は廃止されたが、兵村に残った人々は稲作を続け、旭川兵村では「タコ足型もみまき器」や「馬廻動力機」を発明。農作業の効率を飛躍的に上げ、「上川百万石」と呼ばれるコメの一大産地への足がかりをつくっていった。

◀上川魚菜株式会社

●明治35（1902）年頃　●旭川市中央図書館所蔵

明治31（1898）年、旭川への鉄道開通、同34（1901）年の第七師団司令部の移転をきっかけに、商機ありと踏んだ人々によって続々と「商店」「株式会社」が作られた。写真の上川魚菜株式会社（6条7丁目）もその一つ。同街区には同じ魚市場として盛有株式会社もあった。

◀後藤商店

●明治35（1902）年頃　●旭川市博物館所蔵

1条2、3丁目の目抜き通りに構えたこの店は、旭川で最も古い店のひとつ。砂糖、麦粉、石油雑貨を販売する、今でいうスーパーマーケットであった。店の前に立つ軍服の人物は当主・後藤慶治氏の見習士官姿だという。

▶山口荒物支店

●昭和初期
●旭川市博物館所蔵

明治時代の旭川商圏は、移入港であった小樽の影響と支配力が強く、その有力商社が旭川に進出する事例も多かった。明治37（1904）年開業の荒物雑貨店 卜（カネト）山口荒物店もそのひとつで、小樽の卜山口商店と類縁であった。なお荒物とは軽量な家庭用品のこと。店先に積まれている商品は竹や稲、麦などの繊維質で編んだものが主で、ザル・かごをはじめ、ほうき・麦わら帽子・行李なども扱った。

▲旭川駅前、師団通りの町並み

●大正10（1921）年頃　●旭川市中央図書館所蔵

旭川まで初めて鉄道が開通したのは明治31（1898）年。北海道官設鉄道・空知太《そらちぶと》（現在の砂川市北部）～旭川間の開通により、小樽から旭川までが1本の鉄道で繋がった。鉄道の開通を機に第七師団の軍施設の建設が進み、軍の増強とともに街の人口も増えていった。駅から旭橋を経て師団駐屯地に至る道路には師団通りの名が生まれ、街のメーンストリートとして発展していく。

写真は駅前広場から眺めた師団通り。左に見える洋館風の建物が三浦屋旅館、右は城郭風の宮越屋旅館。趣の異なる建築様式が向かい合った姿は駅前の名物であった。宮越屋前のしだれ柳は夏には格好の陽射し避けとなり、何台もの辻馬車がたむろしていた。そばの裏井戸には、馬に水をやる馭者の姿もあった。

戦後、師団通りは平和通りと改称される。この道路が歩行者専用道路という斬新な発想のもと、「平和通買物公園」に生まれ変わって全国から注目を集めるのは、このときからおよそ半世紀後、昭和47（1972）年のことである（→P74）。

◀3～4条師団通り付近の夜景

●大正7（1918）年　●旭川市博物館所蔵

旭川ゆかりの詩人・小熊秀雄が「鈴蘭灯の並ぶ街／ネオンはあれども明滅せず／静かにして動的な街／人生に清潔より尊きものなし／の感深き街旭川」と詠んだのは、この情景であっただろうか。

大正10（1921）年前後から、3～4条師団通りの商店は増改築が目立ち始め、さらに大正15（1926）年には舗装工事が完成。昭和4（1929）年に入ると北国らしいすずらん灯が登場し、詩情豊かな街並みへと変わっていった。

洋服
肝油

4条8丁目師団通り

●大正10（1921）年頃
●旭川市中央図書館所蔵

4条師団通り。写真右、ひときわ高い建物が大正6（1917）年に5階建てに建て替えられた活動写真の神田館。物珍しさもあって人気を博し、札幌、小樽、北見などへ次々と進出し「神田館の大将」として全道に名を響かせたという。しかし大正14（1925）年、映画試写中にフィルムから出火し、建物を焼失した。

▼北海屋ホテル旭川支店

●昭和3（1928）年頃　●「旭川写真帖」

大正9（1920）年5月、小樽の北海屋ホテル旭川支店として4条8丁目左に創業。3階建て洋館で各室にスチーム暖房と電話機を備え、廊下は総リノリウム張り、大食堂、娯楽室、理髪部、浴室など、大小宴会施設などを設けていた。道庁をはじめ生活改善会の表彰を受け、道内はもちろん東京以北に誇れるホテルとして君臨した。玄関前に並ぶ乗用自動車の列と、これを物珍しげに取り巻く群衆の姿が、ホテルの偉容を映し出している。

4条師団通り十字街のにぎわい

●昭和4（1929）年　●旭川市博物館所蔵

右側角は、2階が割烹料亭として営業していた三日月食堂。看板に見える「電気鍋」とは当時は物珍しかった電気コンロを使ったスキヤキのこと。その横にちらっと写る標柱は「札幌市まで35里29町48間」と記入された「距離原標」で、昭和のずっと後までこの場所に建っていた。その後ろ側に見える石造りの建物が旭ビルディング。また8丁目側仲通角、原金物店の看板の「カナモノ大卑売り」は“高”の字をひっくり返して反対の意味に読ませる趣向。

▼丸井今井旭川支店

●昭和3（1928）年　●北海道新聞社所蔵

呉服・金物店より分離し、丸井今井洋品雑貨店として明治36（1903）年、本格的に開業。東京・大阪などの大都市や産地からの直接仕入れによって一般洋品、小間物、化粧品など広範囲に及ぶ商品を取り扱った。その顧客層は近郊農村地帯まで広がり、「丸井さん」の愛称とともに充実発展、後年のデパートとしての基礎が築かれた。大正11（1922）年には呉服並びに洋品店を合併し、旭川最初の百貨店としてますます業績を伸ばしていった。写真は丸井今井旭川支店創業の頃。

▲国策パルプ旭川工場

●昭和15（1940）年
●「旭川工場五十年史」

政府の工場分散化配置の方針を受け、旭川にも軍需関連産業が進出してくる。その最大のものが昭和15（1940）年に操業を開始した国策パルプ工業株式会社旭川工場。国内自給を恒久的に確保するために、国の政策として打ち出されると、旭川全市をあげての誘致運動が繰り広げられたという。

◀国策パルプで働く女性たち

●昭和18（1943）年
●北海道新聞社所蔵

戦場の第一線で戦う男性に代わり、斧《おの》や鉋《なた》を手にパルプ工場で働く女性たち。国家総動員法のもと、150人余の女性が増産に汗した。

▼旭川駅から札幌に送り出される上川米

●昭和33（1958）年　●北海道新聞社所蔵

上川でコメの試作に成功してから36年後の昭和3（1928）年、品種改良や農業技術の進展により上川地方のコメの収穫量は百万石（約15万t）を突破。陸上輸送の主役であった鉄道によって道内各地へと運ばれて行った。昭和38（1963）年には旭川産米が一市町村として出荷日本一を達成し、以降現在に至るまで作付面積・収穫量共に全国トップクラスを誇っている。

モノづくりの現場から

●北海道新聞社所蔵（3点とも）

昭和30〜40年代、旭川市内で操業する工場での生産風景。これらのモノづくりには、当時の世情と密接な繋がりがあった。

❸
●昭和43（1968）年

❶
●昭和37（1962）年

❷
●昭和37（1962）年

❶上川百万石と呼ばれた旭川では、農村の景気が物の売れ行きを左右した。大豊作となった昭和43（１９６８）年、家具、建具の需要を見込んで急ピッチで増産が行われた。当時、市内の家具、建具企業は大小あわせて約２５０社にのぼった。❷鋳型から出されたストーブがずらりと並ぶ工場で部品取り付けに励む工員。この頃から薪が高値となり始めたため、貯炭式ストーブに変える家庭が増えた。❸ボウリング流行のきざしを受け、旭川の山岡木材工場はいち早くボウリングピンの生産を始めた。プラスチックをかぶせたピンの生産は国内初で、東京・赤坂や後楽園のボウリング場に発送された。値段は当時１本１２００円。輸入品の半額以下だったという。同社でのボウリングピンの製造は昭和48（１９７３）年まで続いた。

2〜4条師団通り繁華街

師団通りでは大正14〜昭和元（1925〜26）年に舗装が完成。これを機に店舗の改築、改装が進み美しい町並みへと様変わりしていった。画面中ほど奥で「イサミタビ」の文字を掲げるのは「旭ビルディング」。当時としては珍しいイルミネーションで一時は旭川名物とも言われたが、昭和3（1928）年には三好屋呉服店となった。

写真左手前から大橋時計店、江川堂小林印舗、トモエヤ山崎洋服店。写真右側角、昇龍の看板は山形勉強堂薬種問屋

●大正末期〜昭和初期　●旭川市中央図書館所蔵

戦時下の師団通り

●昭和10年代　●北海道新聞社所蔵

旭川駅から7条通を望む昭和10年代の師団通り。この頃になると、空き家も増え、店を開いても売るものがない状態で、長く伸びた師団通りのなかで営業を続けていたのは丸井、マルカツの両百貨店くらいであったという。

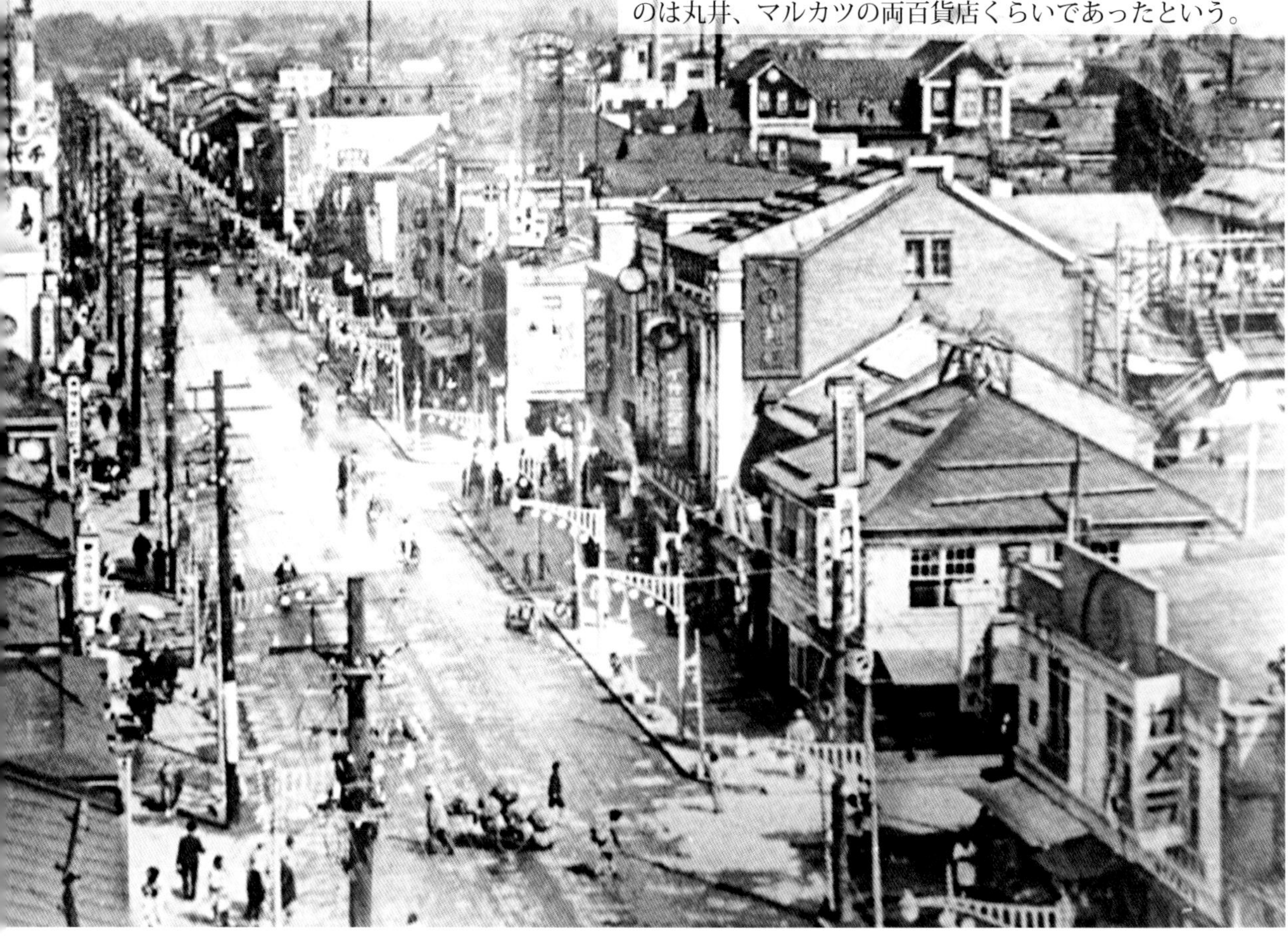

3、4条師団通り繁華街

●昭和10（1935）年　●旭川市中央図書館所蔵

昭和4（1929）年10月、師団通りにすずらん灯が完成。写真左の3条7丁目左10号角は料理店金子壽、その向かい側には藤田印舗（東旭川屯田兵家族出身）の看板が見える。日が暮れるとすずらん灯と昭和5～6（1930～1931）年頃から普及したネオンサインが輝き、夜景の美しさは市民の自慢だったという。

戦前の商家の店頭風景

●旭川市博物館所蔵（2点とも）

【写真上】青山青果店。4条7丁目左10号、明治42（1909）年創立。精肉業として創業したが、第七師団設置後、青果業に転業した。この付近は大小料理店、飲食店、カフェがひしめく繁華街であり、北海ホテル、銀行、魚菜市場にも近かったことから、青果の需要が高く、果実商が多く集まっていた。写真は昭和3（1928）年、初めて自動車部を開設した一印旭川運送社が、山積みにした余市産リンゴを荷下ろししている光景を写したもの。【写真下】米一山本米穀店。大正4（1915）年創業。当時の米屋は自家に精米機を備え、終日器械の音と粉にまみれて働いていた。コメのほか、麦、豆類などの穀物も取り扱い、精米過程で選り分けられた未成熟米やヒエなどは飼料として販売していた。

●昭和3(1928)年

●昭和10(1935)年頃

発展する平和通り

●昭和29（1954）年　●北海道新聞社所蔵

軍人相手の商売で隆盛を極めた師団通りは、終戦直後の昭和20（1945）年10月、「平和通り」へと改称。その名には戦争の惨禍を再び繰り返さない、平和国家を築こうという誓いが込められていた。

新たな名称を得た通りは、戦前と変わらず旭川一のメーンストリートとして発展を続ける。駅前から旭橋まで7、8丁目商店街約200店からなる「平和通り会」が結成され、旭橋付近の堤防に桜500本の植樹をはじめ、平和通りの完全舗装化、平和塔と称する鉄骨大アーチの創設などを次々に提案、道北地方のモデル商店街を目指した。当時は写真に見るようにまだ車もまばらであったが、すでに「各種自動車の通行をほかの道路に移す」という構想も語られていたという。

せともの
大西
ONISHI
大橋百貨店
洋服
大万
ランドセル
大橋百貨店
ゴム印

◀雪が残る2条平和通り

●昭和33（1958）年　●松下實氏所蔵

2条平和通りから北にカメラを向けた1枚。道路の両側には泥で汚れた雪が山積みになって残っているが、除雪の気配は見えない。写真手前の2条交差点には轍も多数見られる。自転車やバイク、バスなどは道路状況に合わせて運行していた。

▼4条7丁目から5条通方面を望む

●昭和31(1956)年　●旭川市中央図書館所蔵

4条通交差点の南北に設けられた「男山」の広告アーチ。看板に記された「山崎酒造」が当時の社名で、この後、昭和43（1968）年に男山株式会社と改称し、今も旭川を代表する酒造メーカーとして銘酒を作り続けている。写真左の8丁目側には、糸の睦屋やウスジマ洋品店の店舗が見える。粉雪舞い散る市街地を多くの人々やバスが行き交っている。

七条中央交番

●昭和32（1957）年
●旭川市中央図書館所蔵

独特の造りが目を引く七条中央交番。繁華街に近いことから夜になればけんかに小競り合いにと出動が多く、市民にとって頼りになる存在であった。昭和47（1972）年頃、7条緑道の造成と機を同じくして取り壊された。

4条8丁目

●昭和31（1956）年頃　●旭川市中央図書館所蔵

辻薬局前から写した冬の町並み。左手の7丁目角から、道内最古の呉服屋・中ウロコ向井旭川店、キムラ電機、タイム堂と続く。雪道を自転車やスクーター、バスが一緒に走っている。画面左側、和装の女性が履いているのは「雪下駄」。歯の底に金属製の滑り止め、前部にはビニールや毛皮の防水カバーが付き、歯と歯の間が台形に広がって雪が挟まりにくいよう工夫されていた。昭和40年代まではよく見られたようだ。

キムラ電機
守れ信

バスが通る4条通7丁目交差点

●昭和31（1956）年
●旭川市中央図書館所蔵

雪降る日の4条通7丁目交差点。ひときわ目を引くのが日本清酒株式会社（札幌）の主力製品「寿みそ」のネオン看板。朝鮮戦争による特需景気が始まった昭和25（1950）年頃から広告手段として注目を集め始めたネオンサインは、戦後の高度経済成長とともに隆盛を極める。道路をまたいで架かるアーチ型のネオン看板は昭和30年代の流行スタイル。大企業は自社ブランドのイメージ確立や企業力のアピールとして、主要都市に次々とネオンサインを掲げた。「寿みそ」は昭和3（1928）年に醸造開始。以来、北海道生まれ、北海道育ちのみそとして親しまれている。

バスの右手に写るのは東京タイム堂の時計塔。

四條平和街
誘拐
堂々大作2本
旭映
旅館五條

商店街のにぎわい

●昭和30年代
●旭川市中央図書館所蔵（4点とも）

◆画像はそれぞれ複数の写真を連結・合成して作成したため、歪みや変形の生じた箇所があります

宮下通8丁目

北野書店　佐藤洋品店　阿部果実店　浅井食堂　清水屋鞄店（カバンと袋物）　手荷物一時預かり所　十万屋書房　越後屋菓子店

1条通7丁目右

中村屋旅館　㊂越後屋（菓子・食品）　きくや（洋生菓子）　鈴木産業（陶管・タイル・衛生陶器）　中保薬局　アイヌ細工直売所

2条通7丁目左

平和会館　吉竹商店（食料品）　大西商店（せともの）　セブン洋装（洋服・時計・貴金属）　小林江川堂（印章・表札）　トモエヤ（洋服・家庭用品）　大方（高級洋服）　タネフサ運動具店　果物店

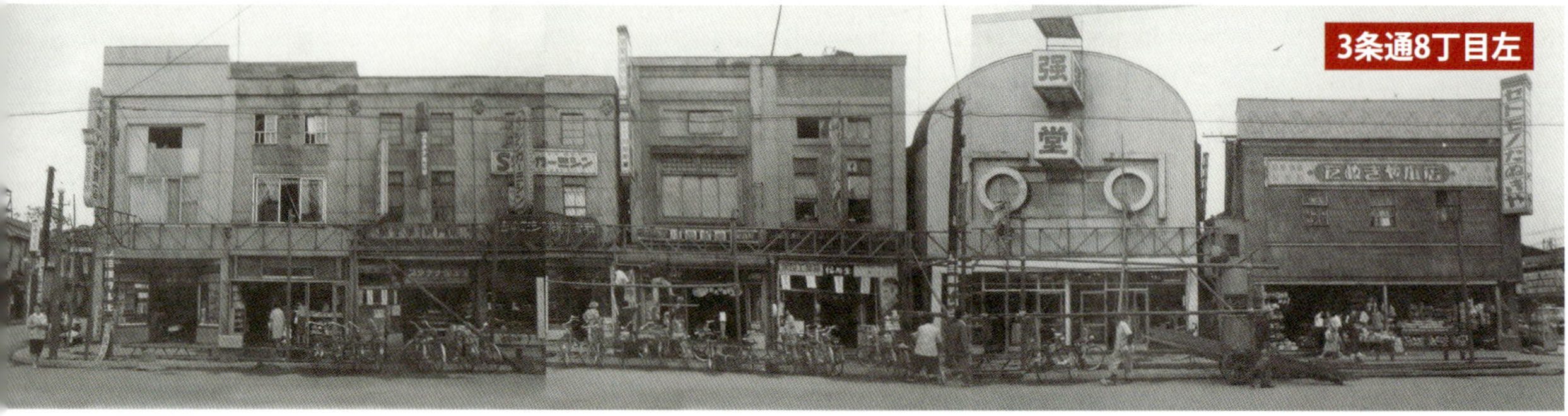

3条通8丁目左

中里眼鏡店　万年筆専門店　ミシン店　川田商会（カメラ）　梅鳳堂　勉強堂　たぬきや本店（せともの・ガラス）

★撮影時ではアーケード建設工事中

5条通8丁目、花輪商事

●昭和32（1957）年　●旭川市博物館所蔵

花輪商事は明治24（1891）年創業の板ガラス卸会社。当時、モータリゼーションの到来や建築様式の変化により、ガラス需要は高まりを見せていた。

▼ 6条通8丁目右1号側の町並み

●昭和32（1957）年　●旭川市博物館所蔵

フレンド洋品店、スマート・キングボール、ひばり洋品店、矢代食品店と並び、六・八中央街と呼ばれた飲食街をはさんでミキヤ洋装店、小林写真館。一番奥に、今と同じ書体の「男山」の看板が見える。明治20（1887）年、初代・山崎與吉が札幌で創業した男山は明治32（1899）年、この地に移転した。

▲2条平和通り、「平和会館」界隈

●昭和31（1956）年 ●旭川市中央図書館所蔵

写真左の大きなビルディングは平和会館（→P70・上から3番目の写真）。この建物の中核施設となっていたのが、KYOKUEIの文字を掲げた旭川映画劇場だ。かつて旭川市内に多数あった映画館のなかでも、代表的興業館のひとつだ。屋上付近に文字の読める「シネマスコープ」はワイドスクリーンのことで、昭和28（1953）年に第1回作品がアメリカで大ヒットして以来、各映画会社が競って採用した。

通りは駅に向かった一方通行だが、交差点にはまだ信号がなかった。オート三輪や道路の真ん中を走る自転車から、時代の空気が伝わってくる。

▼アーケードが完成した5条中央商店街

●昭和35（1960）年　●旭川市中央図書館所蔵

商店街の軒先に雨や雪よけを設け、天候に関わらず買物を楽しんでもらおうと、全国的に商店街のアーケード化が進んでいた。とくに雪国の市街地では需要が高いと考え、旭川でも平和通りのアーケード化に着手。いち早く近代的な町並みを整えた。

◀交通遮断実験が行われる前の平和通り

●昭和44（1969）年 ●北海道新聞社所蔵

旭川駅から北に1km延びる平和通りは、1日に1万5千台もの車が往来する旭川のメーンストリートとなっていた。しかし当時の五十嵐広三市長は「旭川駅前に自由に買物できる空間を」と、恒久歩行者天国「買物公園」構想を立ち上げる。市中心部の国道から車を閉め出す、全国的にも例がない取り組みだ。当初警察や道路関係者は難色を示したが、市役所や青年会議所の若者たちの熱意が実り、昭和44（1969）年8月6日から、12日間にわたる国道遮断実験が行われた。その結果、心配された周辺道路の大渋滞などは起こらず、平和通りには平常の数倍という多数の買い物客が訪れた。実験は大成功であった。ニューヨークや東京が歩行者天国を実施したのは、翌45（1970）年。旭川市民は「あの銀座がマネをした」と胸を張ったという。

全国初の歩行者天国「買物公園」の誕生

●昭和47（1972）年　●北海道新聞社所蔵

平和通りでの交通遮断実験が大成功に終わったことにより、買物公園の構想は実現に向けて大きく動き出す。それまでの平和通りは全長およそ1kmのうち、国道および道道がそれぞれ約半分ずつであったが、全区間を市道に移管。そのうえでベンチや街路樹、噴水、遊具などを設ける公園整備が行われた。

「平和通買物公園」のオープニングセレモニーが行われたのは昭和47（1972）年6月1日。日本で最初の歩行者専用道路の誕生だ。

▼「平和通りは、道路から公園にただ今変身しました!」。昭和47（1972）年6月1日、買物公園オープニングセレモニーに集まった人々の間に、五十嵐広三市長（当時）の宣言が響き渡った。

▼ 昭和47（1972）年、全国に先駆け自動車を完全にシャットアウトした「人間の空間」平和通買物公園が誕生した。昭和40年代初頭から交通事故が急増するなか、車と人の分離は社会の大きなテーマであったが、これを「恒久的歩行者空間」として具現化した旭川の取り組みは、きわめて先進的なものだった。

▲ 買物公園誕生から1周年

●昭和48（1973）年　●北海道新聞社所蔵

誕生からちょうど1年目、昭和48（1973）年6月2日に撮影された買物公園。道路の真ん中に設けられた遊具で遊ぶ子どもたちの姿は、恒久歩行者天国ならではのもの。

マルカツと丸井　——長く親しまれた、旭川の二大老舗百貨店——

●昭和56（1981）年
●北海道新聞社所蔵

●昭和31（1956）年
●北海道新聞社所蔵

【写真上】丸井今井旭川支店。昭和29（1954）年、1条7丁目に完成した建物。市内で初めて一般に開放された屋上からは、街の隅々までが一望できたという。この年、宮下通8丁目に6階建てのアサヒビル、5条8丁目には同じ6階建ての旭川電信電話局ビルが完成。旭川は高層化建築の時代を迎える。丸井今井旭川支店は長く買物公園の顔として親しまれたが、平成21（2009）年、惜しまれながら閉店となった。

【写真左】マルカツ百貨店。行商から身を起こした村松勝次郎が大正8（1919）年、2条6丁目右6号に呉服店を開業したのがマルカツのはじまり。大正12（1923）年には目抜き通りの2条師団通りに進出。「旭川にマルカツあり」と名声と信頼を高め、丸井今井旭川支店と並ぶ二大百貨店として君臨した。昭和46（1971）年に地下1階地上6階の新店舗を建設し、現在の姿となった。現在は百貨店ではなくテナントビルとして営業している。

銀座通り商店街　——銀ビルと第一市場——

●昭和50（1975）年　●松下實氏所蔵

大正7（1918）年に開設された市内最古の第一市場と、その隣に銀座センタービル、通称「銀ビル」が見える。最上階には旭川初の展望回転レストランがあり大いに話題となった。「銀座」の名は、このビルの場所に建っていた芝居小屋「銀映座」にちなんだもの。銀座通りは昭和53（1978）年、旭川で2番目の歩行者天国となった。第一市場、銀ビルともに現在も営業を続けている。市民の台所らしい下町風情が漂うさまは、この写真が撮られた40年前の面影を今も残している。

▲銀座通り「柳まつり」

●昭和52（1977）年
●旭川市中央図書館所蔵

かつて湿地帯で通りに柳が多かった銀座通りで、昭和45（1970）年、第1回の「柳まつり」が開かれた。しだれ柳のように提灯やくす玉をつけた、長さ3メートルほどの色鮮やかな吹き流しが並び、旭川の短い夏を彩った。

平成8（1996）年、旭川空港に仙台線が就航したのを機に、東北三大祭りのひとつ「仙台七夕まつり」に倣って「第1回銀座七夕まつり」と改称し、現在に至っている。

▼買物公園のイルミネーション

●昭和62（1987）年　●北海道新聞社所蔵

観測史上最低気温となる氷点下41度の記録を持つ厳寒の地・旭川。凍てつく冬の夜を飾るイルミネーションは雪に映えて美しい。現在は「旭川街あかりイルミネーション」として恒例事業化し、毎年12月から2月中旬まで、買物公園などを中心に20万個の灯りを用いたイルミネーションが瞬いている。

［第5章］交通と乗り物

旭川の近代交通の歴史は、明治31（1898）年7月の鉄道開業に始まる。市内の交通は時代とともに馬から自動車へと変遷。路面電車が走った頃の光景もなつかしい。

解説 明治19（1886）年、上川仮道路の開削が樺戸監獄署の囚人などによって始められ、同22（1889）年に竣工します。また、北見までの道路工事も続けて行われます。この22年に岩見沢までの間に5つの駅逓が置かれました。

旭川市街の西に位置する石狩川の峡谷・神居古潭《かむいこたん》ではこの頃、長雨や豪雪時に道路が遮断され、旭川はしばしば陸の孤島となりました。人口増加が進むなか、生活物資の安定確保が大きな課題として浮かび上がってきたのです。住民は鉄道の建設を望みましたが、なかなか実現にはいたりませんでした。しかし日清戦争後に軍事力増強の決定がなされ、師団建設が動き出したことによって明治29（1896）年に鉄道工事が始まります。そして明治31（1898）年に空知太《そらちぶと》～旭川間の区間が開通しました。

鉄道の開通は、駅を中心にした人の流れを生み出し、商店街の形成を促進させていきました。また、駅前の風景も、駅舎が建て替えられるごとに変化しています。馬中心の交通手段から、昭和に入って電車、そして自動車の利用へと変わっていきます。

戦後の経済成長を経て、自家用車が増えるのに歩調を合わせるように道路の舗装も進み、街中からは土の道路も、路面電車も見られなくなりました。

▼ 旭川駅開業式

●明治31（1898）年7月16日
●旭川市博物館所蔵

旭川への鉄道建設を望む声は旭川村開村を迎えた明治23（1890）年頃から急速に高まり、札幌の有志らを巻き込んだ請願運動が繰り広げられた。明治30（1897）年2月、帝国議会から「鉄道決定」の電報が入るや、猛吹雪のさなか石油缶を叩いて朗報が村中に伝えられたという。旭川駅の開業は明治31（1898）年7月16日。東旭川から始まった旭川の街づくりは、これを機に次第に駅方面へと中心地を移していく。

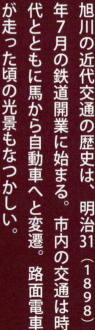

北海道官設鉄道旭川駅

●明治31（1898）年頃　●旭川市博物館所蔵

北海道官設鉄道上川線の開通は明治31（1898）年7月16日。写真はその開業当初の駅構内を写している。貨車と客車から成る混合列車を牽くのはアメリカ・ボールドウィン社から3両輸入した1-C型テンダ機関車──官設鉄道ではB-1型と称していた──のうちの1両。初期の官設鉄道は機関車の番号を漢数字で表記しており、写真では機関車の前部に「三」の文字が読める。このB-1形は後年の鉄道国有化にともなう称号の変更で7400型となり、大正時代の終わり頃まで、3両とも北海道内で使われた。

旭川駅構内

●明治33（1900）年　●旭川市博物館所蔵

明治31（1898）年7月、北海道官設鉄道（官鉄）上川線の開通により、手宮（小樽）〜札幌〜旭川が1本の線路で繋がった。続いて同年8月には、稚内に向かう官鉄天塩線（現在の宗谷本線）の一部となる旭川〜永山間が開通。翌32（1899）年9月には官鉄十勝線（現在の富良野線）の一部、旭川〜美瑛間も開通する。構内に敷かれた側線の多さは、交通の要衝となりつつある旭川駅の様子を示している。

▲ 石狩川を渡る官設鉄道列車。鉄橋の奥には仮設されたものだったのか、木橋の跡も見える。撮影したのは小樽のアマチュア写真家・奥山富作。奥山は地元小樽以外でもいくつかの場所で撮影を行っており、旭川市街の風景などを写した作品が残っている。
●明治30年代後期　●小樽市総合博物館所蔵（奥山コレクション）

北海道庁鉄道部による「官設鉄道」の建設

北海道で初めて開業した鉄道は、幌内炭鉱で産出する石炭を小樽港まで運ぶことを目的とした官設幌内鉄道である。明治13（１８８０）年11月、手宮～札幌が開業、2年後に幌内までの全線が開通した。以後、道内の鉄道は空知地方の産炭地と港を結ぶことを主目的として、路線網が広げられていった。

一方、明治29（１８９６）年になると「北海道鉄道敷設法」が公布され、石炭輸送だけではなく、社会基盤として必要な幹線鉄道網を整備する方針が打ち出された。これらの重要度の高い路線建設は、北海道庁（注・現在の地方自治体の北海道庁とは異なり、北海道開発を進めるための国の行政機関）自らの手で事業が進められることとなる。これが「北海道官設鉄道」だ。

北海道庁がまず手掛けたのは、空知太《そらちぶと》（今の砂川市北部）～旭川の上川線建設。「北海道炭礦鉄道」によって空知太まで通じていた路線を延伸する工事だが、その間には石狩川の架橋、さらに盆地である旭川に入る手前では、神居古潭《かむいこたん》と呼ばれる険しい峡谷沿いの線路敷設が控えていた。

▲ 同じく奥山の撮影による、神居古潭を行く線路。石狩川の峡谷沿いを進むこの区間は、上川線建設における最大の難所であった。昭和44（1969）年10月、電化・複線化のためこの区間の新線（→P90）が開通するまで使われた。
●明治30年代後期　●小樽市総合博物館所蔵（奥山コレクション）

時の北海道庁長官は北垣国道《くにみち》。そしてこの難工事の現場を指揮するのが、北海道庁鉄道部長に就任した土木工学者・田辺朔郎である。北垣はこれより前の京都府知事在任中に、弱冠22歳の田辺を登用して琵琶湖疎水を完成させる功績を挙げている。

この2人がそれぞれ行政、技術の長として、京都以来再びコンビを組み、北海道における鉄道建設という大きな事業に向かうこととなった。北海道庁鉄道部では旭川に至る上川線とほぼ同時期に十勝線、釧路線、天塩線の工事に着手し、現在の富良野線、根室本線、宗谷本線のそれぞれ一部にあたる区間を開通させた。

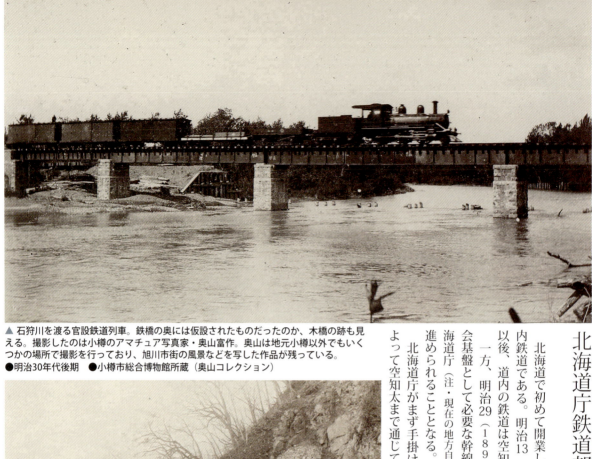

▼ 鉄道院旭川事務所

●明治時代後期
●「北海之礎」

明治39（1906）年に公布された鉄道国有法のもと、鉄道行政を司る中央官庁として設置されたのが鉄道院。旭川では駅に近い宮下通7丁目に事務所があった。

上川管内をはじめ深川や留萌、音威子府、釧路、池田から網走、野付牛（現在の北見）から留辺蘂までを結んだ鉄道は、旭川の商圏を飛躍的に広げ、商工業の発達に大きく貢献した。

▼ 旭川駅（第2次）

●大正2年（1913）年頃
●旭川市中央図書館所蔵

2代目の旭川駅舎が落成したのは大正2（1913）年。第七師団の出征や凱旋の際にセレモニーの舞台となった駅前広場は、昭和20年代には緑いっぱいの空間となり、その後はモータリゼーションの流れをうけ、駐車場として整備されていく。時代とともに姿を変えながら、長く旭川の顔として親しまれた。

師団通りをゆく“馬鉄”

●大正初期
●旭川市中央図書館所蔵

明治末期から大正中期にかけて、住民の足として親しまれた馬車鉄道、通称「馬鉄」が、鈴の音を響かせながらのんびりと3-4条師団通りを走る。この界隈は旭川最大級の盛り場。写真右側は娯楽に買物に人気を集めた第一・第二勧工場、仲通を隔てた角には東京風寄席神田館の平屋建て劇場が見える。

▶乗合自動車「弁慶」号

●大正6（1917）年
●旭川市中央図書館所蔵

旭川市の自家用車第1号は、大正6（1917）年に歯科医の木津友三が購入したドイツ製グリュク号。営業車としては同年、実業家の槇荘次郎がフォードを2台購入し「弁慶」「義経」として営業したのが始まり。

▲ 雪道で苦闘する馬そり

●昭和27（1952）年　●北海道新聞社所蔵

馬鉄から電車、そしてバスへと交通の主役は移り変わっていたが、荷物の運搬では大八車や荷馬車が現役として活躍していた。写真は電車線で悪戦苦闘する馬そり。

▲ 旭川駅（第2次）駅舎

●昭和28（1953）年　●北海道新聞社所蔵

2代目の旭川駅舎は正面に時計を据えた木造建築で、その後の増改築により両脇が2階建ての建物に変わった。当時、腕時計はまだ高級品で、駅舎の時計が市民に時を知らせた。発車間近なのだろうか。雪が降りしきるなか、大きな荷物を背負って足早に駅へ向かう人の姿が見える。

▲ 1条師団通り十字街から8丁目方面を望む

●昭和5（1930）年　●旭川市中央図書館所蔵

馬糞と塵埃、雨が降ればぬかるむ師団通りは、大正14～15（1925～26）年にようやく舗装された。3～4条にすずらん灯がともり始めた昭和4（1929）年には客馬車や乗合自動車に変わって、市民待望のチンチン電車が走り始める。当時は高級品だった自転車も普及し、近代都市らしい交通網が整っていった。

▲四条《よじょう》駅を発車

●昭和46（1971）年
●松下實氏所蔵

旭川の電車運行は昭和2（1927）年。起工からわずか2カ月で東川まで電車を走らせ、道内初の〝農村電車〟として華々しいデビューを飾った。3年後には東旭川線が運行。旭山公園駅が終点となる。写真は始発の四条駅を発車する電車。四条駅は国鉄とつながり、東川や東旭川の木材、コメ、石炭、農業生産資材、日用品の輸送に力を発揮した。我が国最北のチンチン電車は、都市と農村をつなぐ旭川発展の原動力であった。

◀行楽客でにぎわう東旭川線旭山公園駅。昭和42（1967）年、旭山公園内に旭山動物園が誕生すると、休日の旭山公園駅は多くの人であふれ返った。動物園利用者にとって、郊外電車は最も便利な交通手段だった。

●昭和46（1971）年
●松下實氏所蔵

◀旭山・東川方面の公共の足として開通した旭川電気軌道は、東川～旭川間を約40分、旭川追分～旭山公園間を約25分で結んだ。これにより、買物や活動写真見物に気軽に旭川まで行けるようになった。市民のかけがえのない足として昭和40（1965）年まで利用者が増え続けた。

●昭和30年代
●旭川市中央図書館所蔵

▶旭川市街軌道の路面電車

●昭和30（1955）年　●旭川市中央図書館所蔵

「郊外電車」の旭川電気軌道に対し「市内電車」と呼ばれた旭川市街軌道の路面電車。昭和4（1929）年の開通以来、鐘をならして路上を走り「チンチン電車」の愛称で親しまれた。昭和19（1944）年度にはのべ利用者が約1083万人に達したが、戦後、第七師団の解体で利用者が減少、施設の老朽化もあり昭和31（1956）年、軌道線全線が廃止となった。これにより市街地の公共機関はバスに切り替えられた。

▼主役交代

●昭和47（1972）年3月
●松下實氏所蔵

市民の生活に寄り添って活躍した電車だったが、バスやトラックとの競争に破れ、昭和37（1962）年頃から赤字に転落。昭和47（1972）年、地元住民に惜しまれながら電車の運行を廃止した。国道39号と4条19丁目交差点で、電車とバスが向かい合った瞬間を捉えた写真は、公共交通機関の交代を象徴しているかのようだ。

東旭川の田園を行く

●昭和46（1971）年　●松下實氏所蔵

上川盆地の中心地・東旭川共栄地区は稲作地帯である。当時の田植えは手作業で行われ、春は田植えに追われる日が続く。農産物を安い運賃で迅速に運んだ「農村電車」を象徴するかのような1ショット。

◀さよならチンチン電車

●昭和47（1972）年12月31日
●旭川市中央図書館所蔵

旭川市街軌道の廃止により、全国最北、唯一のチンチン電車となった旭川電気軌道が昭和47（1972）年12月31日、45年の歴史に幕を閉じた。写真は、さよなら電車の運転手と車掌に花束が贈られた場面。旭川電気軌道はバス会社として今も旭川の交通を支えている。

▼廃止間近い神居古潭《かむいこたん》駅のSLファン

●昭和44（1969）年9月　●北海道新聞社所蔵

　昭和30年代後半、鉄道輸送の高速化、サービス向上を目指す当時の国鉄は、北海道内でとりわけ需要の高い函館本線小樽～旭川間を電化する方針を打ち出す。工事の起工は昭和40（1965）年12月。同43（1968）年8月28日に小樽～滝川間で電化開業を迎え、道内で初となる電車運転が始まった。

　しかし旭川地区では、市街地の西側に石狩川の峡谷・神居古潭が控えているため、納内《おさむない》～近文の区間に長大なトンネルを含む新線を建設。それによって電化・複線化とともに、カーブの多い線形の改良を実現させることとなる。そうした大工事のため滝川～旭川間の電化は滝川以西より1年あまり遅れ、昭和44（1969）年10月1日に開業となった。

　神居古潭駅は峡谷への最寄り駅として、行楽客の利用も多かったが、新線への切り替えによって廃止となる。下の写真は電化開業が近付き、廃止が目前に迫った神居古潭駅で、蒸気機関車を撮影するファンの姿を写したもの。

　廃線跡は後年、サイクリングロードとして整備されたほか、明治43（1910）年に竣工した旧駅舎も平成元（1989）年に復元され、美しい姿を取り戻した。駅舎付近にはC57型のラストナンバー機であるC57型201号機のほか、D51型6号機、29638号機と、3両の蒸気機関車が静態保存されている。

▶宗谷本線のC55型蒸気機関車

●昭和45（1970）年 ●松下實氏所蔵

C55型蒸気機関車は、幹線～亜幹線での急行旅客列車牽引を主な目的として、昭和10～12（1935～37）年に計62両が製造された。細身のボイラーをもつスマートな姿で、鉄道ファンの人気は高かった。しかし製造数が比較的少なかったこともあり、昭和40年代中頃に沸き起こったいわゆるSLブームの頃には九州のほか、ここ旭川地区に少数が在籍するのみとなり、注目を集めることとなる。その時代、旭川機関区に在籍したC55型は、宗谷本線での旅客列車牽引に使われ、旭川～稚内間の長距離運転に活躍した。

宗谷本線での蒸気機関車運用は、昭和49（1974）年末まで。最後まで旭川機関区に在籍したC55型のうち、50号機は現在、小樽市総合博物館に保存・展示されている。

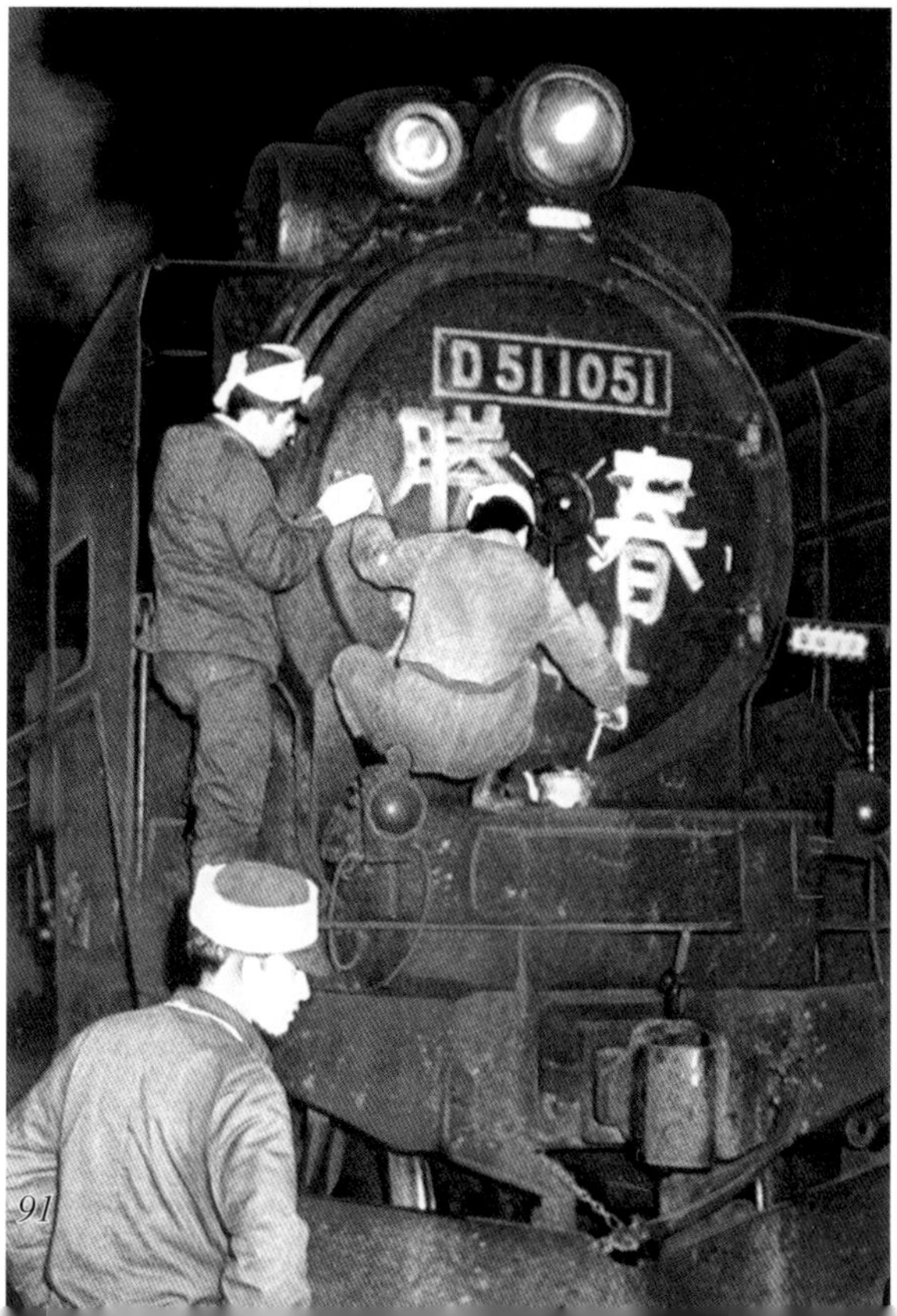

◀春闘機関車

●昭和46（1971）年3月
●北海道新聞社所蔵

労働運動が盛んな当時、春闘ともなれば48時間、72時間といった強硬なストライキがしばしば行われた。期間中には車両に白い塗料で「春闘勝利」「団結」などのスローガンが書かれて外見が台無しになることもあり、列車の撮影に訪れたファンを嘆かせたものである。

▼旭川〜新旭川の高架が完成

●昭和44（1969）年9月
●北海道新聞社所蔵

交通、都市再開発の両面から期待を浴びて旭川〜新旭川間高架が開通し、これにより踏切11カ所（国土交通省資料）が解消された。旭川四条駅はこのときに高架駅となる。なお旭川駅の東側のこの区間は、宗谷本線の線路を石北本線が共用する形となっている。

写真右側に見えるのは「クスリのツルハ」1号店。昭和4（1929）年に誕生したわずか9坪の鶴羽薬師堂は、ここから全国にグループを展開するツルハホールディングスへと大きく羽ばたいていく。

◀滝川～旭川電化開業

●昭和44（1969）年10月1日　●北海道新聞社所蔵

函館本線滝川～旭川は、神居古潭付近での新線建設のため、滝川以西より１年あまり遅れて昭和44（1969）年10月1日に電化開業を迎える。写真は寒冷・多雪の函館本線用に、新たに開発された711系電車。同46（1971）年には急行「さちかぜ」として札幌～旭川1時間37分の高速運転を実現させた。“赤電車”として親しまれたが、平成27（2015）年3月、全車が廃車された。

▶「あさひがわ」から「あさひかわ」へ

●昭和63（1988）年3月　●北海道新聞社所蔵

昭和63（1988）年3月13日のダイヤ改正を機に、駅の読み方が「あさひかわ」に変わる。旭川駅は明治31（1898）年、北海道官設鉄道上川線「あさひかわ」駅として開業。明治38（1905）年、国有鉄道の駅となった際に読みを「あさひがわ」に変更しており、このときは83年ぶりの再変更ということになる。

▲旭川駅前タクシー乗り場

●昭和37（1962）年　●松下實氏所蔵

ひと組の家族連れが、駅前で客を待つタクシーに乗り込んだ。正月をふるさとで迎えようという帰省客だろうか。師走の旭川駅の様子が伺える1枚。

◀首を鍛えるタクシー運転手

●昭和44（1969）年　●北海道新聞社所蔵

雪の降るなか、ハイヤー会社の運転手たちが6キロもある古タイヤをぶら下げてトレーニング中。一体何のためにといぶかしく思われる光景だが、交通事故によるむち打ち症に備えて、首を鍛えているのだ。急激に進む車社会は、こんな風変わりな自衛策を講じなくてはならないほど、深刻な社会問題を生み出していた。

新旧の旭川駅　〜昭和35年開業の「第3次」と、平成26年の「第4次」〜

【写真上】旭川駅周辺地区を対象に始まった大規模再開発プロジェクト「北彩都あさひかわ」の最重要事業のひとつが、旭川鉄道高架事業。これにより平成26（2014）年、4代目旭川駅が誕生した。ホームから忠別川の流れを望むガラス張りの外観が、コンセプトの「川のある駅」を体現している（北海道新聞社所蔵）。

【写真右】鉄筋コンクリート造り地上2階地下1階建てとなった第3次旭川駅は、駅舎の建設は国鉄が、地下のテナント部分は民間が出資する「民衆駅」として昭和35（1960）年に誕生した。ステーションデパートの誕生は道内2番目。開業から2年後には地下通路にホームから直接出入りできる地下改札口も設けられた（旭川市中央図書館所蔵）。

▼旭川空港に一番機着陸

●昭和41（1966）年
●松下實氏所蔵

鉄道の要衝として栄えた旭川が、新たな飛躍の足がかりに選んだのが「空」。市民待望の一番機「あかん」号が旭川空港に着陸すると、出迎えの人々から歓声があがり、幼稚園児が搭乗員に花束を贈るなどセレモニーも開かれた。

旭川空港は国が設置し、旭川市が管理する全国でも珍しい市営空港。冬季の除雪体制には定評があり、夏冬を通じて99％の就航率は全国でもトップクラスを誇っている。

第6章
街は川とともに

石狩川、忠別川、美瑛川など大きな川が市街を流れる旭川は、名実ともに川の街。市民の暮らしは、川の流れと密接な繋がりをもち続けてきた。

解説

大雪山系に源流を持つ河川は、石狩川を中心に上川盆地に拡がり、美瑛川、忠別川、牛朱別《うしゅべつ》川など中小の河川が旭川で合流しています。これらの河川は長雨が続くと洪水を引き起こすため、治水工事は旭川の街づくりにとって最も重要な事業でした。大正から昭和のはじめにかけて行われた工事はすべて人力と馬力によるもので、多くの困難を伴いましたが、堤防が整備されたことにより水害は著しく減少していきます。

こうした治水工事によって、それまで九条通からロータリー、常磐公園の外側を流れていた牛朱別川は、現在の旭橋の上流で合流することになります。当時、川の中洲にあった常磐公園が現在のように陸続きになったのも工事の結果です。それまでいくつかの橋を渡っていましたが、昭和7（1932）年の旭橋の完成によって、1本の橋で対岸に到達できるようになりました。

旭川駅から師団通りを通って、埋め立てられてできたロータリーを抜け、旭橋を渡り、師団へと繋がる道は、旭川の中心道路として多くの人びとが行き来をしました。その道筋に存在する旭橋は、川の街・旭川を象徴する橋として、今も市民に親しまれています。

▲ 大正8 (1919) 年の水害。降雨のため増水、氾濫した牛朱別川によって永隆橋上流地点で堤防が決壊。中島、常盤通公園付近のほぼ全域が浸水被害にあった。画面左側は同2 (1913) 年創業の橋本米穀 (精米) 店。荷馬車に米俵を積み、避難作業に追われている。
●大正8 (1919) 年　●旭川市中央図書館所蔵

▲ 大正11 (1922) 年の水害は被害が大きく、中島や常盤橋付近を中心に浸水家屋729戸、被災民3256人にのぼった。写真は大門通。度重なる水害を乗り越えてきた人々の表情からは、避難作業のさなかにあっても力強さが伝わってくる。
●大正11 (1922) 年　●旭川市中央図書館所蔵

常盤大門通入口付近の洪水

●大正8 (1919) 年　●旭川市中央図書館所蔵

「川の街」と称される旭川では、洪水による被害も絶えない。昭和7 (1932) 年に大規模治水工事が完了するまでは、記録に残るだけでも明治31 (1898)・32 (1899)・34 (1901)・41 (1908) 年、大正4 (1915)・8 (1919)・11 (1922) 年と、たびたび水害に見舞われている。写真は大正8年、常盤通から中島遊郭に通ずる大門通の洪水状況。大雨が続くと石狩川から逆流した水がこの通りを奔流となって下り、常盤通に流れ出すのが常で、大きな災害をもたらしていた。

▼ 曙遊郭を軍隊が救援

●大正4 (1915) 年　●「上川支庁管内大洪水写真帳」

忠別川と牛朱別川に挟まれた曙遊廓もしばしば水害に見舞われた。公娼街であった中島遊郭と異なり、娼家以外に一般住宅も多くあったという。このときの浸水では軍隊が出動し、被災世帯の救援にあたった。

▼牛朱別川《うしゅべつがわ》の切替工事

●昭和6（1931）年 ●「牛朱別川切替工事概要」

蛇行が激しく大雨の度に水害を引き起こし、市民生活に打撃を与えていた牛朱別川。この出水予防と埋め立て地利用を意図して、現在のJR宗谷本線鉄橋下流から旭橋上流付近まで約1700メートルの新水路をつくり、流路を上流に切り替える工事が決まった。工事費の約90万円余は現在の6億円ほど。旭川市にとっても空前の大事業である。昭和5（1930）年5月着工、翌6（1931）年11月に竣工し、さらに旧河川の埋め立て工事は昭和7（1932）年10月に完成した。

常磐公園やロータリー交差点はこの埋め立て地に誕生し、新しい旭川の顔となった。切り替え工事以後も数度の出水があったが、いずれも被害は少なかった。写真は10条13丁目付近の掘削工事の様子。当時は重機などなく、工事はすべて人力と馬力で行われたという。左手は今の東2条。

▲常盤橋付近の水害

●大正11（1922）年　●旭川市中央図書館所蔵

家屋が低く、造りも粗末であったこの時代は、家財道具が命の次に大事であった。ひとたび火事や水害が起これば一斉に屋外に運び出し、少しでも安全と思われる旭橋や常盤橋のたもとへと集積、避難した。水が引いた後の道路はえぐられ、付近は呆然とする避難民と見舞客、野次馬などでごった返した。

▼二代目旭橋の完成

●昭和7（1932）年
●北海道新聞社所蔵

牛朱別川《うしゅべつがわ》の切り替え工事と前後して、旭橋の架け替え工事が着手された。交通量の増加、特に路面電車の敷設や、増加する師団との交通を確保することに主眼が置かれた。設計した北海道大学工学部長・吉町太郎一博士は、日本の代表的な橋梁となることを目指したという。

工事は昭和4（1929）年10月着工。コンクリート製の橋なら2万円弱で出来たといわれる時代に、破格の104万円余を投入し、昭和7（1932）年11月、長さ224・82mの鋼鉄製の橋が完成した。

橋の両正面には「誠」を中心に「信義」「禮儀」「忠節」「武勇」「質素」の軍人勅諭の5条の綱領を刻んだ「橋額」——旭日章とも呼ばれた——が掲げられている。戦前・戦時中、その

下を通過する際は脱帽敬礼するのが習わしとなった。

　終戦後、橋額は姿を消すが、いつ、どのように取り外されたのか、その行き先も不明というのが不思議である。

初代旭橋

明治37（1904）年、北海道で2番目の鋼道路橋として誕生したのが初代旭橋。当時の奥田千春町長が「字面も語調も良い」と進言し、鷹栖橋から旭橋へと名を改めた。橋長は約104m、幅は5.5m。中央径間の49.４mの部分は鋼トラスだったものの、それ以外は木造であった。このため架設後20余年で腐朽し、鋼トラス部も交通量の増加に耐えられなくなっていた。そこで軍事上の重要性も勘案し、新しい橋への架け替えが決まる。

▲明治34（1901）年に着工した第1次旭橋の完成直前の姿。中央鉄鋼製トラス式、前後は橋脚とも木造の構造を持ち、主材の鋼材は米国製である。北海道庁技師・山岡三郎の設計。
●明治37（1904）年　●旭川市博物館所蔵

▲初代旭橋は、2代目の橋の完成を待たず、昭和5（1930）年に撤去された。写真はその3年前の昭和2（1927）年の撮影。このときすでに2代目旭橋の架橋計画はスタートしている。取り壊しのためのやぐらも準備され、世代交代のときを待っている。解体時に出た鋼材は、深川大橋として再生された。一度解体された橋を再生した例は少なく、旭橋が北海道初という。
●昭和2（1927）年　●旭川市中央図書館所蔵

▼旭橋大鉄橋渡り初め

●昭和7（1932）年11月3日　●旭川市中央図書館所蔵

完成時点では東京以北最大となる大鉄橋、旭橋が竣工したのは昭和7（1932）年11月3日。明治節（明治天皇の誕生日）の日であった。新しい旭川のシンボルをいち早く見ようと、渡橋式には当時の市の人口のおよそ4割にあたる、3万人の群衆が詰めかけたという。

▲渡橋式では「3代に渡って橋が続くように」と、親・子・孫世代健在の3世代夫婦で行う慣例があり、旭橋もそれに倣った。白装束の神職に続くのが矢島宇八氏の一家3代夫婦。明治中期に入植した開拓功労者である。
●昭和7（1932）年　●旭川市中央図書館所蔵

◀旭橋を行く人たち

●昭和39（1964）年
●松下實氏所蔵

手にした正月飾りや繭《まゆ》玉は市内の歳の市で買ったものだろうか。旭橋を渡って帰りを急ぐ姿から年の瀬の空気が伝わってくる。

◀復元された照明灯

●昭和59（1984）年
●北海道新聞社所蔵

旭橋たもとの高欄や照明柱、飾塔が立てられていた親柱は、昭和19（1944）年、戦時下の金属供出のために撤去された。戦後、水銀灯がつけられたが、元の姿に戻したいと市民からの強い要望もあり、昭和58（1983）年、50年前の架橋当時の飾塔とランタン型照明灯が復元された。

▼ 旭橋上空から見た旭川市街

●昭和48（1973）年　●北海道新聞社所蔵

写真中央が旭橋。流線型の美しいフォルムが空の上からもはっきりと見て取れる。手前が新橋、奥に写るのが金星橋。

旭橋桁上から常盤通を望む ▶

●昭和40（1965）年
●旭川市博物館所蔵

旭橋トラス組桁上から見た常盤通の珍しい写真。常盤通のロータリーを経て市役所、右側には昭和39（1964）年に移転したばかりの放送会館のパラボラアンテナが見える。

常盤通はかつて石狩と牛朱別、両河川にはさまれて「中島」と呼ばれ、独自の発展をした地域である。昭和初期に行われた牛朱別川の切り替えと埋め立てによって中心街と陸続きとなってからは町の表情が一変。昭和25（1950）年の「北海道博覧会」の施設を再利用して体育館が建立されたのをきっかけに、公民館と図書館、勤労青少年ホームや科学館が隣接して建てられるなど、市民の文化交流の中心地となった。

▼生まれ変わった旭川駅周辺エリア

●平成26（2014）年　●北海道新聞社所蔵

平成9（1997）年3月、旭川駅周辺地区開発の名称が「北彩都《きたさいと》あさひかわ」と命名された。神楽地区と市街地の中心部分を分断している忠別川に、既存の両神橋、新神楽橋に加え2橋を新設。「いながらにして四季の彩りを楽しみ川の自然を感じることができるように『自然』と『まち』が調和する、豊かな新しい『旭川の顔』を創り出す」ことを目指した、新たな都市計画であった。平成10（1998）年着手、同26（2014）年完了。これにより市民活動交流センターや合同庁舎を中心とするシビックコア地域、高層マンションの建築、ショッピングゾーンの創出、駅前広場などが整備され、旭川の街は大きく生まれ変わった。

▼ 新橋渡橋式と観客

●大正14（1925）年　●旭川市博物館所蔵

旭橋の下流にある新町と、その対岸である近文とを結ぶ橋を架ける計画は、材料を御料林当局が購入、労力は陸軍当局の提供することでまとまった。大正14（1925）年、第19回特別工兵演習の際に架橋。近衛、第1、第2、第7、第8、第14師団の工兵大隊、工兵学校、鉄道第1、第2連隊が参加し、わずか12日間で完成を見た。道内初となる架橋演習で、各地から見学者が集まり、その数延べ2万5000人にのぼったと伝えられる。

渡橋式にも大群衆が両岸の河原を埋め尽くし、当時いかに関心を集めていたかがよくわかる。橋上では軍隊の行進が続いている。

▼ 初代旭西橋

●昭和20年代　●旭川市中央図書館所蔵

市街地から近文駅方面に向かうには、新橋か旭橋へと大きく迂回しなければならなかった。このため昭和26（1951）年１月、市民待望の木橋が架けられた。一般公募によって命名された橋名は「旭西橋」。その利便性から交通量が増え車の大型化もともなって、木橋では対応不可能となり、昭和36（1961）年に２代目に架け替えられた。

バスを乗せた石狩川の渡船▶

●昭和29（1954）年　●北海道新聞社所蔵

旭川開村当初、石狩川には橋がなく官設私設さまざまな渡船場ができた。写真は現江神橋の上流にあった渡船場で、当時の神居村と江丹別村を船で結んでいた。船を操るのは船頭1人。所要時間は約10分だったという。昭和30年代に入って江神橋が完成するまでは、人ばかりではなくバスや馬も船に乗せ、対岸へと運んでいた。

▼子どもたちが行く緑橋

●昭和33（1958）年頃
●旭川市中央図書館所蔵

初代の緑橋は昭和7（1932）年、牛朱別川切り替え工事を機に架設された木橋だったが、昭和33（1958）年にコンクリート橋として架け替えられた。たもとには市立旭川病院、旭川市医師会館、口腔保健センター、看護専門学校などが集まり医療拠点となっている。現在の緑橋は昭和63（1988）年に架けられた3代目。加藤顕清による彫刻「人間像・感情」が置かれている。

◀石狩川でゾウが水浴び

●昭和32（1957）年 ●北海道新聞社所蔵

常磐公園で開かれた世界動物博に来旭したインドゾウ17頭がショーの合間のひととき、石狩川で水浴びを楽しんだ。水中で身体をぶつけ合い、転げ回ったり鼻から水を吹き上げたりして上機嫌の様子。

石狩川の天然プールで水遊び▶

●昭和33（1958）年
●旭川市中央図書館所蔵

石狩川を天然プールとして水遊びを楽しむ子どもたち。小学校にプールが普及していなかった頃、夏の川は格好の遊び場で、釣りに水泳にといつも子どもたちの姿があった。

▼川は洗車場？

●昭和40（1965）年
●松下實氏所蔵

石狩川金星橋上流付近で車を洗う女性。川は格好の洗車場で、週末ともなると鈴なりになって洗車に励む人々の姿が見られた。この写真が撮られた昭和40（1965）年頃はマイカーブームで、自家用車が急速に普及した時代。人々はようやく手に入れたマイカーを、こうしてていねいに洗っていたのだろう。もっともこのような〝洗車族〟が増えすぎたせいか、その後、川での洗車は禁止になる。

写真の車はトヨペット・コロナ。大衆車として広く人気を集め、同クラスのライバル車、ダットサン・ブルーバードと熾烈な販売競争を展開していた。

［第7章］学校とスポーツ

明治中期に始まった旭川での学校教育。その後の昭和の木造校舎、入学・卒業式の光景は誰にとっても思い出深い。冬のスポーツの多彩さも、北国ならでは――。

解説 明治24（1891）年に入植した永山の屯田兵たちは、同年9月に自分たちの力で私立の永山東、永山西小学校（翌25年公立）を開校しています。これより前の7月に、現在の曙1条7丁目付近では、巡教のため札幌から入地した僧侶の久教淵《ひさしきょうえん》が、寺子屋的な教育を行っていました。

高等教育においては明治36（1903）年、庁立上川中学校（現旭川東高）が、同40（1907）年には庁立上川高等女学校（現旭川西高）が、開校しています。大正12（1923）年には旭川師範学校（現北海道教育大学旭川校）が開校して教育環境の整備が進みます。

学校の開校は、スポーツの普及にもつながります。寒冷・多雪の環境を生かし、雪合戦やスキーといった冬のスポーツが盛んになりました。明治45（1912）年2月、レルヒ中佐によって第七師団兵士のスキー指導が行われましたが、その地である近文台にはスキー発祥の地として碑が建てられています。

◀私立精華女学校の女学生と園児

●大正4（1915）年頃　●「北海之礎」

明治30年頃になると旭川でも、公立中学設立の機運が高まる。上川中学校（現旭川東高等学校）の設立が認可されたのは明治36（1903）年、同年5月に開校にこぎ着けた。これと前後して女子の職業教育への関心が高まる。明治31（1898）年に旭川裁縫専門学校が開校したのを皮切りに、上川女子職業学校、精華女学校、そして明治40（1907）年に庁立上川高等女学校、大正4（1915）年に区立旭川女子職業学校が次々と開校した。写真は私立精華女学校。附属幼稚園があり、女学生と園児が揃って写っている。

共《きょう》成《せい》黌《こう》

●撮影時期不明
●旭川市博物館所蔵

入植者の瀬古今次郎は、旭川の今後の発展のために現在の1条5丁目の自宅物置を教室とし、自ら20人ほどの近所の子どもを教えはじめる。明治25（1892）年には共成黌と名付けて開校した。

師範学校と北都高女

【写真上】北海道旭川師範学校。大正12（1923）年開校。昭和24（1949）年、国立学校設置法公布により北海道学芸大学旭川分校となった後、昭和41（1966）年、北海道教育大学と改称、さらに平成16（2004）年国立大学法人へと移行して現在に至る。100年近い歴史と伝統を持ち、教員養成を中心として、北海道の教育、学術、文化の発展に力を尽くしてきた。
●大正12（1923）年　●旭川市中央図書館所蔵

【写真下】北都高等女学校。大正4（1915）年、区立旭川女子職業学校として設立。その後、旭川区立北都高等女学校、旭川市立高等女学校、市立女子高等学校、市立七条高等学校など改称を重ね、昭和26（1951）年閉校。卒業生には「アイヌ神謡集」で知られる知里幸恵（→P151）や、作家の三浦綾子（→P148）がいる。
●大正9（1920）年頃　●旭川市中央図書館所蔵

▲尋常高等小学校連合運動会

●大正4（1915）年 ●旭川市中央図書館所蔵

小学校の運動会は明治10年代の後半、学校教育への兵式訓練の導入が始まりといわれる。武術や遊戯性の強いスポーツ競技ではなく、集団に従い連帯感を高める体育が提唱された。運動会はそうした精神の鍛錬の成果を公表し、鼓舞する場として位置付けられたものだった。1校あたりの児童数が少なかった当時の小学校では、複数の小学校が集まることで集団意識、連帯感の育成を図った。児童の表情は真剣そのもの。地ならしもされていない土の上でも、みな裸足だ。

▼行幸を迎える小学生

●昭和11（1936）年
●「陸軍特別大演習記念写真帖」

昭和11（1936）年9月、昭和天皇は旭川第七師団練兵場を親閲。道北一帯の在郷軍人、中学生、青年学校生徒、青年団員などが演習に参加したという。写真はその後訪れた旭川師範学校での参加児童の様子。居ずまいを正し、張りつめた表情から当時の緊迫感が伝わってくる。

▼女子青年訓練

●昭和14（1939）年
●「かぐら町77年のあゆみ」

太平洋戦争末期になると、市民は職場や町内会で軍事的訓練や防空訓練に明け暮れるようになる。女子学生も例外ではなく、竹槍や木銃による訓練が行われた。写真は西神楽家政青年学校生徒。

◀昭和天皇の旭川隣保会訪問

●昭和29（1954）年　●北海道新聞社所蔵

夫の戦災死などによる死別母子家庭の母と子が、ともに暮らすための母子生活支援施設「旭川隣保会」を天皇皇后両陛下が訪問。切り紙細工や歌や踊りを披露する子どもたちの姿を、始終和やかな表情で見守った。続いて母子寮で4人の部屋を訪問し、一人一人にいたわりの言葉をかけたという。

▼啓明小合唱部、全国一に

●昭和33（1958）年
●北海道新聞社所蔵

この年、第25回全国唱歌ラジオコンクール（現NHK全国学校音楽コンクール）で旭川啓明小学校合唱部が、2000校を超える参加校の中から第1位に選ばれた。以来約10年にわたり上位入賞を果たしている。当時はスタジオでのテープ審査だった。

小学校入学式

▲ 青雲小学校。新一年生と保護者、先生たち、たくさんの視線が注がれるなか、マイクの前で挨拶をする児童。
●昭和40（1965）年頃　●旭川市中央図書館所蔵

▲ 東町小学校。新入生は上履きを脱ぎ、ござの上に正座して緊張気味の面持ちで式に臨む。周りで見つめる母親たちは和服と洋服が半々ほど。
●昭和40（1965）年　●松下實氏所蔵

▶近文第二小の米飯給食

●昭和52（1977）年
●北海道新聞社所蔵

昭和45（1970）年、全国で最も早く米飯給食を取り入れた近文第二小学校の給食風景。旭川市内では昭和52（1977）年、ようやく週に1度の米飯給食が実現したが、同校ではコメとパンが1日おき。不足するビタミンAをどんな副食でカバーするかなど、先進校として注目を集めていた。児童と教師など170人分のご飯を、おいしく炊くコツを掴むまでに数年を要したという。

▲光陽中学校の卒業式

●昭和43（1968）年　●松下實氏所蔵

卒業式を終え、在校生や親兄弟に見送られて校舎を後にする少年たち。進学や就職へと新たな旅立ちに臨む清々しい表情が印象的だ。

◀母に見送られ集団就職

●昭和47（1972）年　●北海道新聞社所蔵

「元気で」「がんばれ」——。ホームに詰めかけた家族やクラスメートの声を胸に、旭川から49人が故郷を旅立った。中学を卒業後、本州方面に就職が決まった「金の卵」たちはこの後、行き先別に編成された「集団就職特別列車」に乗り替え、就職地へ向かう。この年の求人率は5～6倍。東京の高校進学率が96・5％となり、都会では慢性的に若手労働者が不足していた。

▲ 国立旭川医科大学誕生

●昭和48（1973）年　●北海道新聞社所蔵

北海道道教育大旭川分校附属小旧校舎に作られた旭川医大創設準備室から「準備室」の看板が外され、「旭川医科大学」の看板に掛け代えられた。道北地域では深刻な医療過疎が進んでいたが、医大設立により今では人口10万人あたりの医師数が札幌よりも多い、北海道随一の医療充実都市へと発展した。

▼ 旭川高専で全共闘デモ

●昭和45（1970）年
●北海道新聞社所蔵

旭川高専全共闘の学生ら約30人が、新入生に対する性格テストや授業の進め方などの指導研修が「生徒管理の一環」であると激しく対抗。学内デモを阻止しようとする教職員ともみ合いになり、旭川署から機動隊員が出動する騒ぎとなった。

昭和43（1968）年初めから、東大・日大闘争と平行して全国の大学へ広がった全共闘運動は、地方都市でも一部の高校・高専にまで飛び火していた。

▼旭川中学野球部とスタルヒン

●昭和8（1933）年
●「永遠なるスタルヒン」

旭川地区大会で優勝の旧制旭川中学（現旭川東高等学校）。ひときわ背の高い選手がヴィクトル・スタルヒン。家族とともにロシアから亡命によって旭川に落ち着いた、伝説的な選手である。豪速球投手として注目を集めたが、北海道大会では2年連続準優勝。甲子園出場には届かなかった。

昭和９（１９３４）年に退学し職業野球団に転向、日本野球機構（ＮＰＢ）史上初（当時）の通算３００勝を達成するなど、プロ野球黎明期の大投手となった。

明治の自転車愛好家たち ▶

●明治40（1907）年頃　●旭川市中央図書館所蔵

日本で自転車が普及し始めたのは明治20年代後半のこと。当初は実用的な乗り物というより、娯楽・スポーツの色彩が強く、各地に「双輪倶楽部」などの名称を付けた愛好者団体が生まれている。当時の自転車は高価な輸入品であり、愛好者には実業家など裕福な人が多かったという。

旭川で自転車が初めて販売されたのは明治33（1900）年頃、丸井呉服金物店であったといわれ、それから7年後には、愛好者による競争クラブができていた。

写真は中鉢写真館で撮影された競争クラブの記念写真。

▼第6回旭川〜札幌間駅伝

●昭和41（1966）年
●北海道新聞社所蔵

旭川から札幌まで約150キロメートルの道程を全14区間に分け、2日間にわたりタスキをつないで駆け抜ける駅伝レース。昭和34（1959）年に第1回大会が行われ、昭和61（1986）年まで続いた。写真は第6回大会で、北海道新聞旭川支社前をスタートする第一走者。

▼レルヒ中佐のスキー指導

●大正初期　●「北海之礎」

北方警備にスキーが必要と考えた陸軍によって、明治45（1912）年オーストリア軍人テオドル・フォン・レルヒ中佐が第七師団野砲兵第七連隊に配属された。レルヒ中佐によるスキー講習会は春光台で行われ、将校や師団関係者のほかに郵便局員や教師、新聞記者なども参加。シュテム・ボーゲン、ターン、ジャンプ、直滑降といった1本ストックの指導を受けた。これが北海道の本格的なスキー発祥とされる。郵便局員が身に付けたスキー術は、大吹雪の際の郵便配達に大活躍。指導を受けた軍人らも、レルヒ直伝スキー講習会を実施するなどし、スキーは全道へと広がっていった。

▼国体冬季スキー大会ジャンプ競技

●昭和41（1966）年　●北海道新聞社所蔵

第21回国民体育大会、冬季スキーのジャンプ競技が開催された嵐山シャンツェ。木造のジャンプ台が懐かしい。その後も雪印杯やインカレなどが開かれていたが、施設の老朽化やスキージャンプ台の公認規格が大幅に改訂されたことを受け、現在は事実上閉鎖となっている。

国体冬季スキー大会開会式

●昭和41（1966）年2月19日
●北海道新聞社所蔵

昭和41（1966）年2月19～23日、第21回国体冬季スキー大会が旭川で開催された。開会式が行われたのは、冬の恒例イベント「旭川冬まつり」メーン会場である常磐公園。公園内に並ぶ大雪像が、開会式に華を添えた。

【写真上】赤々と燃える炬火《きょか》は、北海道スキー発祥の地・春光台で採火されたもの。冬の澄み渡る青空と、炎の赤、大雪像の白が美しいコントラストを描いた。
【写真下】開幕を告げる五段雷が打ち上げられ、青森県を筆頭に選手団が入場。参加38都道府県の最後に北海道選手団145人が登場すると、ひときわ大きな声援があがった。

▼旭川国際バーサー大会

スウェーデンで1922（大正11）年から開催されている伝統的なクロスカントリースキー大会「バーサーロペット」をモデルとし、昭和56（1981）年に始まった「旭川国際バーサー大会」。平成15（2003）年には名称を「バーサーロペットジャパン」に変更しており、競技者、一般市民の双方が参加できるイベントとして長く親しまれている。

【写真左】第1回大会の1800人から3500人へと大きく参加者を増やした第2回大会。A級クロスカントリーから歩くスキーなど年齢や体力に合わせて用意されたコースを、3歳から79歳までの参加者がそれぞれのペースで駆け抜けた。●昭和57（1982）年　●北海道新聞社所蔵
【写真下】世界的な暖冬と雪不足となった平成2（1990）年、スウェーデン、アメリカの両バーサーロペットが中止された。しかし記念すべき第10回大会、スウェーデンから カール16世グスタフ国王の参加が決まっていた旭川は、開催を決断。トラック約2600台分の雪を運び込むなどして、何とか開催にこぎ着けた。●平成2（1990）年
●北海道新聞社所蔵

第8章 娯楽と行楽

明治時代の神社の祭り、大正時代に大流行したカフェーなど、〝娯楽〟にまつわる写真は、戦前からさまざまなものが撮られている。戦後の映画ブーム、北海道ならではの「ばんえい競馬」も忘れられない。

解説 開拓に従事した人たちが、心の支えとしたのは故郷への思いでした。この北の大地を、故郷と同じ豊かな土地に変えたいという強い願いをもち続けた人たちにとって、故郷でのまつり、歌や踊りはかけがえのない大切なものであり、心の糧であったといえます。

現在、旭川に残る社や郷土芸能のすべてが、移り住んだ人たちによって持ち込まれ、受け継がれてきたものです。今日でも、それぞれの神社のまつりでは、境内に屋台が並び、舞台が作られ、大勢の人びとが集まります。それは地域にとって大切な行事であり、連帯を確認する機会でもありました。

街が発展してくると、仕事を求めて多様な人びとが集まるようになり、今は存在しない遊廓がつくられました。最初、曙にあった遊廓は、師団設置によって中島に移転します。また、戦後には開拓で大きな役割を果たした農耕馬による「ばんえい」競馬や、市民参加による雪像が並ぶ「旭川冬まつり」がはじまりました。特に冬まつりは、雪国ならではの行事として多くの市民に親しまれています。

◀開市30周年記念仮装行列

●大正9（1920）年　●旭川市博物館所蔵

開市30周年を迎えた大正9（1920）年9月4日、上川神社での奉告祭の後、祝賀式典が開かれた。功労者172名が表彰され、夜は第一楼と大川屋料理店で盛大な宴会が催された。市街にも祭典同様に飾り付けが施された。写真は余興の仮装行列。まさかりを担いだ金太郎と「日本一盛有社」ののぼりを背負った桃太郎の姿が見える。

▶上川神社のみこし渡御

●大正2（1913）年
●旭川市博物館所蔵

師団通りを行く上川神社のみこし行列。天狗面と猿田彦に導かれ、神官みこしなどの行列が続く。当時は各町内から選りすぐった若者がみこしの担ぎ手となった。道路両側の店頭には花笠、提灯が飾り付けられ、一時停車の馬鉄の屋根には日の丸と社旗が揺れて、当時のにぎわいを伝えている。左側の2条7丁目角、真新しいトタン屋根に帆掛け船の看板を掲げているのは吉村金物店。物珍しい看板に見入る人も多く、相当な宣伝効果があったであろう。

▲カフェーの流行

●大正時代
●旭川市博物館所蔵

東京、大阪など大都市でのカフェーの隆盛を受け、旭川最初と考えられる「カフェーライオン」が大正8（1919）年に開業。その後、「ユニオンパーラー」「ヤマニ」など旭川文化人のたまり場となる名店が登場、数を増やして行く。

当時のカフェー人気を支えたのは、着物に割烹着姿の女性たち。当時「女給」と呼ばれた彼女たちと酒を飲むのは、それまでの料亭よりもずっと手軽なスタイルで、大いに客足を伸ばす。昭和初期には70～80軒ものカフェーが営業していたという。

しかしこうしたにぎわいも戦時体制に入ると統制が強化され、昭和19（1944）年3月に一斉停止で姿を消すことになる。

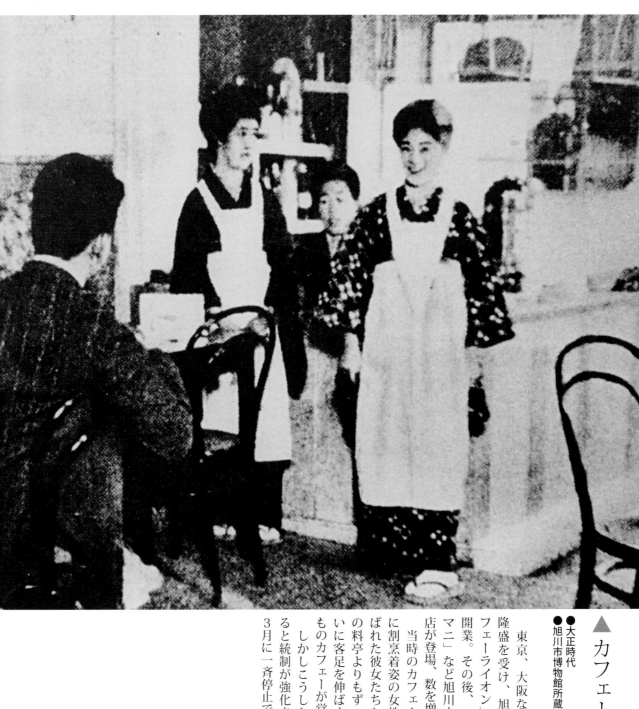

明治後期から賑わった遊廓、料亭と芝居小屋

❶曙遊郭「開新楼」
●明治35（1902）年

❷曙遊郭「新勢楼」
●明治30（1897）年頃

❸料理店「第一楼」
●明治35（1902）年

❹常盤亭
●明治42（1909）年頃

❶ ❷第七師団兵舎建設のため、各地から労働者が集まるにつれ、曙町あたりに私娼が並ぶようになった。明治30（1897）年8月に曙遊廓設置が許可され、翌年から営業を開始。明治33（1990）年には10軒の貸座敷が並んだ。開新楼は唯一の一等貸座敷であった。同年の警察調査によれば貸座敷は開新楼、新勢楼、文明楼、三盤楼、北越楼、近江楼、月見楼、金盛楼、青柳楼、五岳楼の10軒。娼婦総数63人とある。❸旭川を代表する一流料亭として知られた「第一楼」（1条6丁目左）。舞台付大広間と多くの小部屋を備え、札幌以北随一を誇った。一般会席のほか諸会議、記念行事等にも利用され、昭和8（1933）年まで栄華を極めた。所有者は博徒の佐々木源吾。市内の顔役でマルサの親分として名を馳せた。❹旭川最初の芝居小屋は、明治33年に幕開けをした佐々木座。その後、入〆亭、祐徳座、旭亭、共成館という寄席もでき、2条から3条8丁目にかけて、落語その他の演技場でにぎわった。常盤亭の開業は明治42（1909）年。

写真❶〜❹は旭川市博物館所蔵

銀座通り「錦座」の界隈

●昭和4（1929）年　●旭川市博物館所蔵

1条～4条の間14、15丁目にわたる旭川銀座通商店街界隈は、芝居小屋と市場を軸に発展を遂げ、師団通りにはない庶民的雰囲気のある繁華街を作り上げた。写真の錦座は明治42（1909）年、大黒座の名で最初の芝居小屋として開業。広い舞台に枡席を持ち、当時人気のあった活動写真をはじめ、大物の歌舞伎やマジックショーなど多彩な出し物で人気を集めた。また収容力の高さから、選挙時の立会演説会、記念行事などにも利用された。

界隈には旭川最初の私設市場である第一市場のほか、大正10（1921）年開場の東座、さらに昭和元（1926）年には錦座に隣接して錦市などが建ち並んだ。人が人を呼び、周囲には料飲食店が増え、路上には露店が連なった。

旭川キネマ街

●昭和初期
●旭川市博物館所蔵

4・5条7丁目仲通は映画館が建ち並び「キネマ街」と呼ばれた。最初にできた劇場は大正9（1920）年の二六館と後の映画常設館・美満寿館。大正11（1922）年には、写真左手前に写る「国技館」が開設された。東京国技館をまねた正方形の珍しい劇場だったが、当初の企画である相撲興行は一度も開かれたことがなく、活動写真の常設館になった。さらに昭和3（1928）年、大勝館が開館。看板や旗棹が林立する中にネオンが瞬き、歓楽街として大変な賑わいを見せた。

キネマ街、最盛の頃

●昭和29（1954）年
●北海道新聞社所蔵

最盛期の昭和30年前後に20以上の映画館があり、なかでも映画館がひしめいていた「キネマ街」は旭川名物の一つでもあった。写真はその時代の街の様子。しかし昭和30年代も半ばを過ぎると、家庭でのテレビの普及などから、映画人気は衰退していく。昭和50年代、キネマ街はパチンコ街へと姿を変えたが、現在ではそのパチンコ店も撤退し、街並みに往時の賑わいは感じられない。

3・6街の賑わい

●昭和41（1966）年　●旭川市博物館所蔵

3条6丁目を中心とした飲食、歓楽街に、新聞が初めて「3・6街」の表現を使ったのは昭和42（1967）年12月。すでに市民にはその呼び名が定着していた。時を同じくして飲食ビルの高層化がはじまり、街の発展が進む。今でも1000店以上が軒を連ねる道北随一の歓楽街となっている。

▼北海道開発大博覧会

●昭和25（1950）年
●北海道新聞社所蔵

北海道開発82周年、旭川市60周年を記念し、北海道庁と旭川市の共催で開いた戦後の一大イベント。常磐公園はその第1会場となり、園内にアメリカ館、アイヌ館などの展示館が並んだ。なかでもひときわ目を引いたのが道産館。高さ2・4メートル、重さ2トンの石炭など約1500点が展示された。会場以外でも移動動物園やプロ野球公式戦など、多彩な催しが40日間にわたって繰り広げられた。

◀緑橋通りを行く北海道音楽大行進

●昭和41（1966）年 松下實氏所蔵

北海道音楽大行進は「北海道招魂祭大音楽祭」として昭和4（1929）年に開催されて以来、「北海道護国神社慰霊音楽大行進」などと名称を変えながら現在まで続いている。当初は戦死者を慰める行事であり、全道から遺族が集まった。しかし戦後になって軍事色が薄れ、昭和49（1974）年にまず「慰霊」の言葉が消え、平成6（1994）年には護国神社が経路から外れた。今では初夏の旭川に欠かせない、吹奏楽の一大イベントとなっている。

▼国内最北、旭山動物園

「家族ぐるみで楽しめる場所を旭川に」と、道内3番目の動物園として昭和42（1967）年にオープンした。財政難のさなか開園には賛成派、反対派が拮抗し、議会で与野党が激しく対立したが、市民の声に後押しされ、建設表明から足掛け4年をかけてついに国内最北の動物園が誕生した。初日には5万3000人が訪れ、園内には子どもたちの歓声が響いた。

旭川の人口増とともに来場者が増え続けたが、昭和58（1983）年を境に減少に転化。平成8（1996）年には約26万人にまで落ち込んだ。しかし「行動展示」を軸に施設改修を進め、テレビなどで取り上げられたのを機に入園者数が急増。平成16（2004）年には東京・上野動物園を超え、日本一の月間入園者数を記録。北海道を代表する観光地となった。

●昭和42（1967）年　●北海道新聞社所蔵

●昭和42（1967）年　●旭川市中央図書館所蔵

▼神居中学校、校庭の草ばん馬

●昭和30（1955）年　●松下實氏所蔵

神居神社の秋祭り、農家の一番の楽しみが神居中学校の校庭で行われたばん馬大会。農耕用として飼っていた愛馬と大会に参加し、その馬力を競いあった。そりにコンクリート製の重石を積み、たくましい馬が競技開始を待っている。

◀旭川競馬場 旭川ばんえい競馬

●昭和30年代
●旭川市中央図書館所蔵

開拓の合間の数少ない娯楽として農耕馬の力を競い合わせたことに端を発するばんえい競馬。明治時代末期には旭川近文町に競馬場が開設、明治44（1911）年、皇太子行啓の際に記念興業が行われ、その後は軍の年中行事となった。昭和40（1965）年に花咲町4丁目、昭和50（1975）年、神居町上雨紛《かみうぶん》に移転。花咲町の旧競馬場跡地は現在、スタルヒン球場となっている。

▼近文競馬場の仮装レース

近文競馬場で行われた市営旭川ばんえい競馬第5レースに、色とりどりの宣伝や万国旗を身につけた馬たちが登場した。これは同競馬場の5周年を記念した「仮装レース」。お盆興業と重なったこともあり、市が趣向を凝らした余興であった。普段とは違うきらびやかな姿の馬たちの走りっぷりは、集まった約6000人のファンを大いに沸かせた。

●昭和32（1957）年 ●北海道新聞社所蔵

▼道営競馬、ナイトレース

集客増の起爆剤にと、平成6（1994）年に始まったナイトレース。国内2番目のナイター設備という話題性や照明の下を駆け抜ける馬体の美しさ、仕事帰りに立ち寄れる気軽さなどで人気を呼んだが、道営競馬が抱える累計赤字清算の決定打にはならなかった。平成20（2008）年、中央競馬との交流重賞「エーデルワイス賞」をもって旭川競馬場は60年の歴史に幕を下ろした。

●平成9（1997）年 ●北海道新聞社所蔵

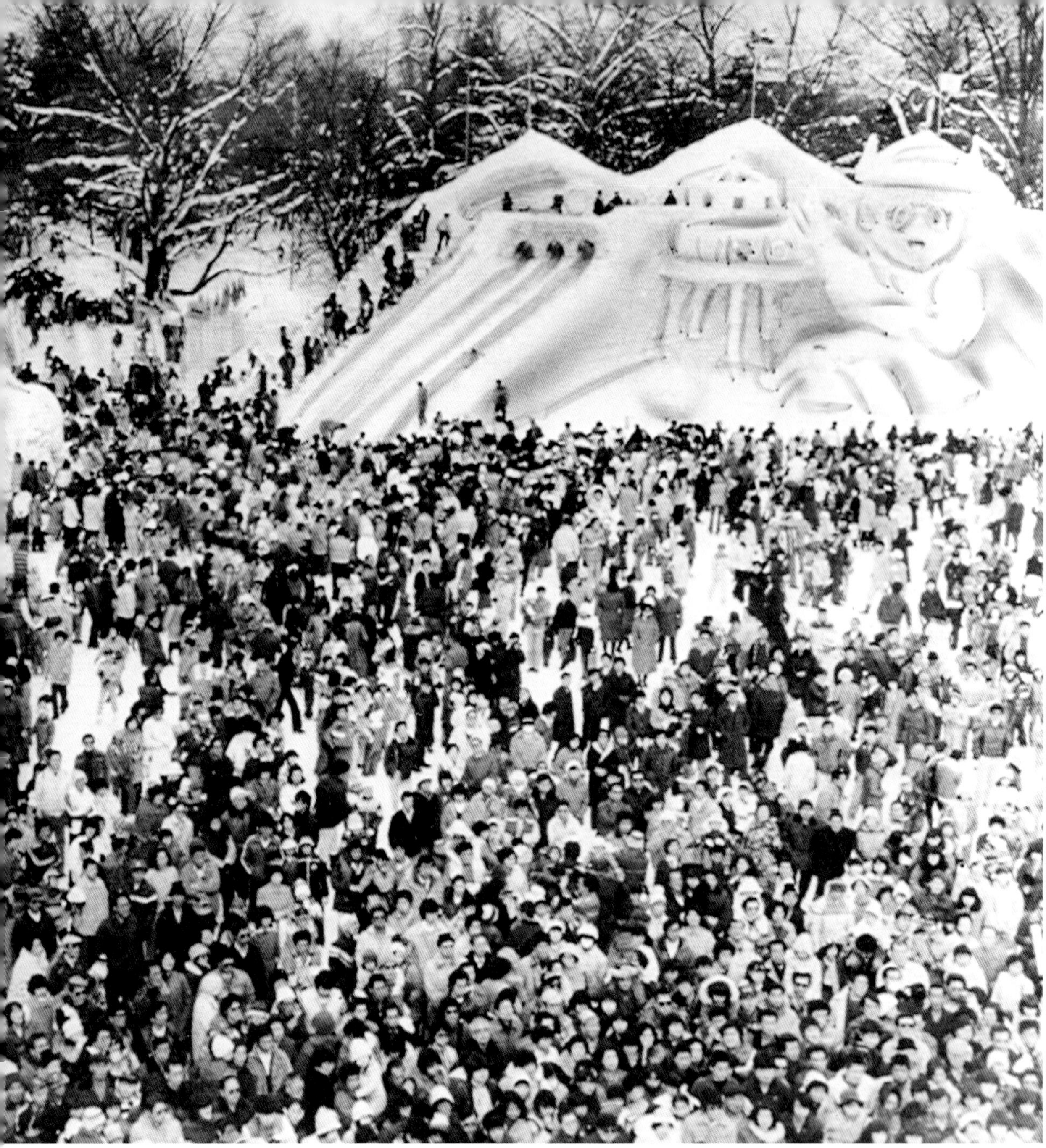

▲旭川冬まつり

●昭和57（1982）年
●北海道新聞社所蔵

常磐公園を主会場として第23回旭川冬まつりが開催された。メーン雪像はハワイ・ホノルル市に建つ「イオラニ宮殿」だったが、話題をさらったのは当時の人気アニメのキャラクター「アラレちゃん」。全長約30メートルの滑り台がついた大雪像は、子どもたちの長い行列とカメラを構えた保護者で、一時身動きが取れないほどの混雑となった。

冬まつりはこの後、昭和61（1986）年から石狩川河川敷に会場を移設。それを機に雪像の大型化が進み、翌62（1987）年の大雪像「ガリバー城」が世界最大の雪像としてギネスブックに掲載された。平成6（1994）年には姉妹都市である韓国水原市の「水原城」の雪像で、その記録を更新している。

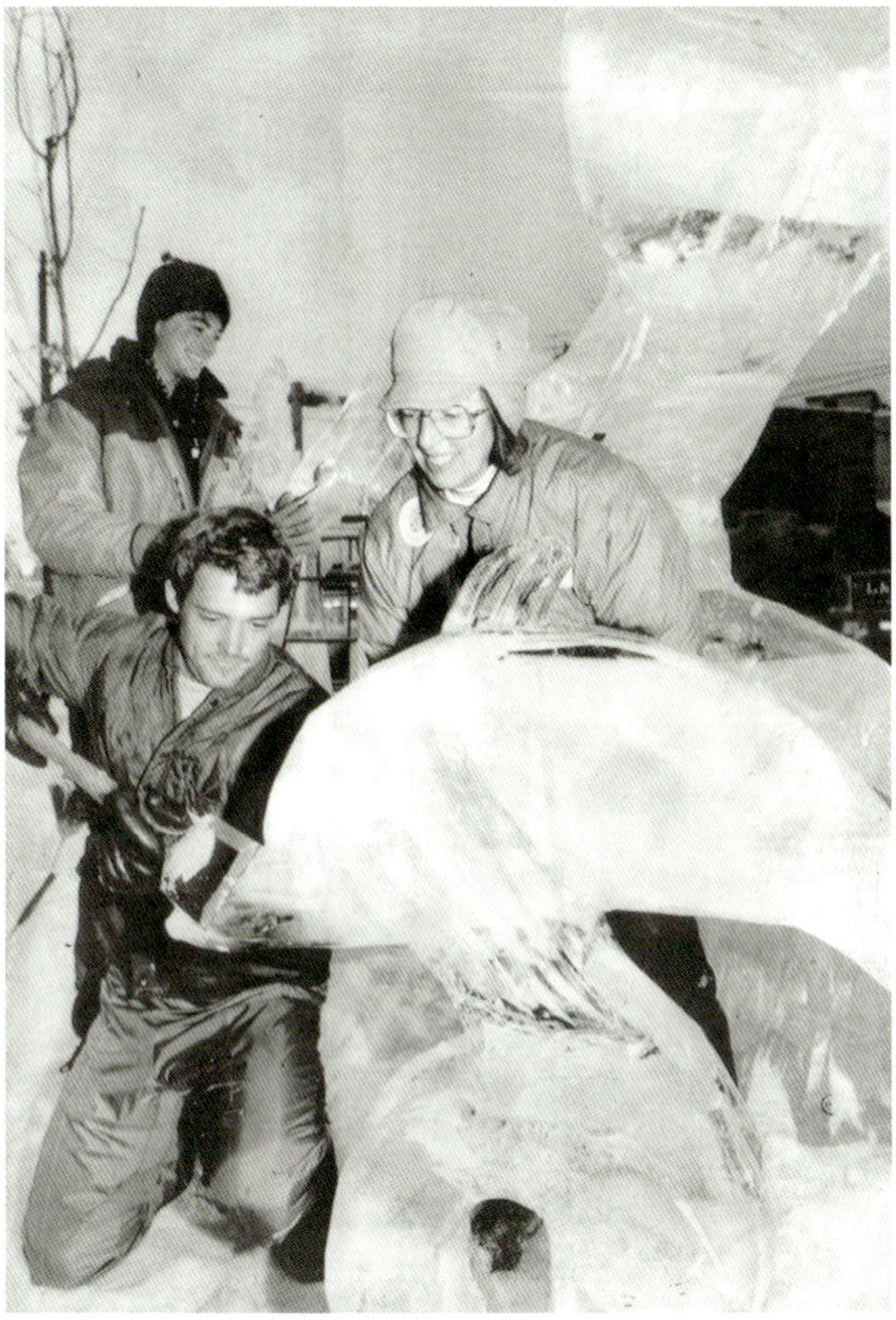

▲第1回旭川国際氷彫刻コンテスト

●昭和63（1988）年　●北海道新聞社所蔵

買物公園で冬まつりと同時開催されていた全国氷彫刻展。16回目を迎えるこの年、初の国際コンクールとなり、アメリカなどから参加した22人が極寒の旭川で氷の芸術づくりに挑戦した。この日は最高気温がマイナス5.6度の真冬日。地元商店から温かなうどんや煮物が差し入れられる光景も見られた。

◀ライトアップされた氷彫刻

●平成15（2003）年　●北海道新聞社所蔵

重さ135キロの氷柱を、個人戦は8本、団体戦は18本を使って組み合わせ、40時間で氷の芸術へと作り上げて行く。競技後の買物公園には「彫刻の街」の名にふさわしい氷の彫刻が立ち並ぶ。ライトアップされた作品はひときわ幻想的。通りがかりの人たちが足を止めて見入る。

【第9章】

昭和・戦後の街

旭川にとっての終戦は明治時代から街の発展を支えた「師団」との決別。混乱と復興、そして現代へと、昭和後半の街の姿を伝えるなつかしい写真の数々。

解説

明治34（1901）年、旭川に第七師団が設置されて以降、将校や兵士たちの存在はこの地域社会にとって大変重要なものとなります。師団の人々の食生活を担うために、コメなどの農作物をはじめ、味噌、醤油、酒といった食品を作る醸造業などが必要になります。それが、日常生活に必要な様々なものを扱う商工業の発展につながっていきました。

戦後、樺太や満洲などから引き揚げた人びとを中心に商業活動が展開し、各地で「闇市」が開かれるようになりました。これらの商業活動も、時間の経過と共に商店街として発展していくことになります。

敗戦によって師団を失い、多くの商圏を失った旭川の街が大きく成長できたのは、師団に依存していた商人たちと、外地から戻り、生きるために必死で働かなければならなかった人たちとの競争があったからでしょう。

やがて、隣接町村との合併によって旭川市域は徐々に拡大します。さらに日本経済の発展に合わせて春光台、緑が丘などの団地開発が進み、新たな住宅地が郊外へと広がっていきました。

▲師団通りから平和通りに

●昭和26（1951）年
●北海道新聞社所蔵

戦前「師団通り」と呼ばれ、軍靴の音が響いた駅前通りは戦後、一転して「平和通り」と名前を変えた。終戦から6年。人々の暮らしは、ようやく落ち着きを取り戻し始めていた。

四角い厚手のショールで頭から肩をすっぽり覆う「角巻《かくまき》」姿がこの時代、冬の女性の装いとしてポピュラーだった。

▲ 食糧難の時代に

●昭和26（1951）年
●北海道新聞社所蔵

太平洋戦争末期から戦後にかけて全国的な食糧難が続いた。とりわけ終戦の昭和20（1945）年は、北海道のコメ収穫高が前年の3分の1強となる大凶作に見舞われ、旭川では主食が128日分も配給されないこともあった。カボチャやジャガイモ、さらには澱粉滓を代用食として飢えを凌ぐ日々。多くの個人ヤミ米労働者が存在していた。なかには100キロ近い荷を担いで売り歩いた女性もいたという。食糧難が峠を越したあとも、行商人としての彼女たちの仕事は続いた。

▼ 平和マーケット

●昭和23〜24（1948〜49）年頃
●旭川市中央図書館所蔵

戦災や敗戦で資産を失った引き揚げ者たちへの応急処置として、市は現在の緑橋通り近辺に露店開設を許した。３条８丁目にあった「平和マーケット」もそのひとつで、数百軒もの露店が集まり、混乱期の市民の買い物需要を支えていた。

しかし戦後の復興が進むにつれ、市街整備を進める市はマーケットの強制撤去という方針を打ち出す。これに対して店主らは猛反発、裁判へもつれ込む事態となった。

その後、業者83店が結束してこの場所にビルを建設、共同入居して商売を続けた。このとき建てられたのが現在の緑橋ビル1号館と2号館。細かく区割りされた店構えに、闇市時代の名残を見ることができる。

▼ 平和通りを行くリヤカー

●昭和25（1950）年
●松下實氏所蔵

自家用車が普及していない頃、大量の荷物を運ぶためにリヤカーは欠かせない道具だった。雪が積もる悪路を、3匹の犬の助けを借りて黙々と目的地を目指す。

▲8丁目通のマーケット

●昭和23～24（1948～49）年頃
●旭川市中央図書館所蔵

大小合わせ400以上ともいわれたマーケット。主に統制品を取り扱ういわゆる闇市ではあったが、市民にとっては食料や日用品などをかろうじて求めることができる数少ない場所であった。品定めの視線は真剣そのものだ。

◀道路上で運動会

●昭和29（1954）年 ●旭川市博物館所蔵

かつて中島遊郭で栄えた中常盤町、旧大門通付近で行われていた町内運動会の様子。当たり前のようにアーチを建てラインが引かれているが、会場となっているのは実は公道だ。まだ自動車が少なく、遊郭の廃止で人通りも減っていたため、特に支障はなかったのだろう。

▼冬の運転はひと苦労

●昭和25（1950）年
●松下實氏所蔵

この時代の旭川では珍しい外車。雪にタイヤをとられての立ち往生なのだろうか。屋根の雪を下ろしたり、タイヤにチェーンを巻いたりして車のご機嫌をうかがっている。日本で初めて冬タイヤが作られたのは昭和34（1959）年。スパイクタイヤの普及は昭和40年代になってから。雪道の運転はさぞ大変だったであろう。

▼母子で焼き芋売り

●昭和30（1955）年頃　●松下實氏所蔵

道路の雪もすっかり溶けた春の日、陽光のなか石焼き芋屋が行く。リヤカーを引く母親を手伝って、ふたりの子どもが後ろを押している。

▼栗山ストアー

●昭和30年代　●旭川市中央図書館所蔵

永山東光線と南6条線の交差点付近。当時、東町と呼ばれたこの地に、昭和31（1956）年、旭川で初のスーパーマーケット「栗山ストアー」がオープンする。酒類製品のほか食品、日用品雑貨など多彩な品揃えで評判を呼んだ。

貸切りバスから降り立ったのは、背広姿の男性たちの一団。買い物か、移動途中の小休止か、あるいは視察目的で店を訪れたのか——。

看板に名の読める「フルヤのキャラメル」は札幌に本社を置く古谷製菓の製品。戦後、ヒット商品となり道内各地に広く流通した。

▲ 市役所屋上からの展望

●昭和30年代
●旭川市中央図書館所蔵

昭和33（1958）年、9階建てに生まれ変わった市役所は、当時旭川有数の高層建築（→P43）。市内の眺望を楽しもうと、屋上は多くの市民でにぎわった。女性たちの服装を見ると初夏の頃であろう。眼下に国民金融公庫のビル、その奥にロータリーと旭橋が見える。

▲牛を引く子ども

●昭和30（1955）年　●松下實氏所蔵

雪が降りしきるなか、牛を引く親子。忠別橋を渡り市内を目指しているのだろうか。真っ直ぐに前を見つめて手綱を引くが、牛はのそりとした歩みを速めようとしない。

▼井戸と少年

●昭和30（1955）年
●松下實氏所蔵

昭和23（1948）年、第七師団の軍用水道を引き継ぐかたちで市民水道がスタート。昭和27（1952）年には給水が始められたが、昭和30年代、井戸はまだ現役であった。牛に水をやるために、少年が打ち込みポンプで水を汲んでいる。水汲みはもっぱら女性と子どもの仕事であった。

道路が遊び場 昭和の街かど風景

街なかの道ばたで子どもたちが遊ぶ、いかにも〝昭和的〟風情ある光景。昭和30（1955）年前後は、通る自動車もまだ少なく、こうしたのどかな場面がどこにでもあった。

❶男の子の遊びの代表はメンコ（パッチ）。地域によってさまざまなルールがあったが、相手のメンコをひっくり返したり、台からはじき飛ばしたりすると自分のものにできるのが基本。大切なメンコがかかった勝負に、真剣なまなざしが向けられている。昭和25（1950）年。

❷農家の庭先でメンコ遊びに興じる子どもたち。上の写真に比べると台もメンコも随分と立派だ。風圧で裏返したり、ぶつけた反動を使ったりと、子どもによって〝得意技〟があった。昭和33（1958）年。

❸今日の遊びの舞台は軒先に広げられたござ。収穫後の豆が干されている傍らで、おままごとがはじまった。どこからともなく女の子たちが集まってくる。昭和30（1955）年。

❹路上で始まったチャンバラごっこ。よく見ると、三角形に組まれた板の底辺に乗っている。どうやら残り2辺で自分のスネを守りながら、先に相手のスネを打つと勝ちというルールのようだ。独自に編み出した遊びなのか、他地域でも広まっていたのかは不詳。狙っていいのは、木板に守られたスネだけ。子どもたちの遊びのなかに武士道が生きていた。昭和34（1959）年。

❶＝北海道新聞社所蔵　❷❸❹＝松下實氏所蔵

❶

❸

❷

❹

▲さぁ、紙芝居の時間

●昭和32（1957）年
●松下實氏所蔵

夕方近くに拍子木の音が響いてくれば、紙芝居の時間だ。子どもたちが仲間と駆け寄って来る。テレビがまだなかった時代、紙芝居は子どもたちの最高の楽しみであった。みんなに見えやすいよう小さい子を前に、大きい子を後ろにして並んでいる。集団遊びのなかで自然に譲り合いの気持ちを身に付けていた。

▲どこへ行くの？

●昭和47（1972）年
●松下實氏所蔵

馬を乗せたトラックを珍しそうに見上げる子ども。中央の馬はじっと子どもを見つめていて、行き先を尋ね合っているようにも見える。花咲の競馬場に向かう途中だったのか。第1次競馬ブームの火付け役となったハイセイコーが大井競馬場でデビューしたこの年、地方競馬にも注目が集まっていた。

▶護国神社祭の交通整理

●昭和42（1967）年　●松下實氏所蔵

護国神社祭でにぎわう5条6丁目、交差点で警官が交通整理に励む。人垣の後ろには露店が連なっているのが見える。市内中心部にも信号機は多くなく、道路も砂利敷きであった。

◀沢庵漬け本番

●昭和35（1960）年　●旭川市中央図書館所蔵

食卓に欠かせない沢庵漬けは自家製が当たり前。木枯らしが吹きはじめると、女性たちは漬物づくりに大わらわ。寒風で大根を干し、シワが出てやわらかくなったら大きな樽に漬けていく。

▼第2豊岡団地

●昭和42（1967）年　●北海道新聞社所蔵

昭和22（1947）年から旭川の人口は年間2％を超える勢いで増加。それにともなって神楽岡、春光台、豊岡と次々と住宅団地が整えられていく。第2豊岡団地は昭和30（1955）年から昭和51（1976）年までに建設、10棟202戸で構成された。商機ありと踏んだ移動販売者が、トラックでたくさんの野菜を運んで来た。

寒さのために始業時間1時間繰り下げ

●昭和48（1973）年　●北海道新聞社所蔵

昭和40年代、小中学校で教室の暖房器具といえば石炭やコークスを燃料とする、だるまストーブ。冷え込みが厳しい朝は登校時間になっても教室があたたまらないため、始業時間が1時間繰り下げになった。寒い朝にはテレビで朝の気温を確認し「1時間遅れ」になるのを楽しみにしたものだった。写真は旭川日新小学校。子どもたちは頭からすっぽりフードをかぶり、防寒対策を万全に整えて登校する。

▶旭川郵便局「馬ソリ作戦」

●昭和44（1969）年　●北海道新聞社所蔵

小雪のちらつく師走の街に、旭川郵便局名物「赤い馬ソリ」が登場した。交通量が増えた市街地ではトラックより小回りが効く馬ソリが重宝し、1日に300個近くを配達したという。クリスマスや年の瀬、正月の贈り物を待つ人々に、軽やかな足どりで小包を運んで行く。

◀ソリを引いた豆腐屋さん

●昭和35（1960）年　●松下實氏所蔵

「パァ～プゥ～」と独特のラッパの音とともにやってくるのは豆腐屋さん。夏場は自転車だが、雪深い冬の旭川ではソリが相棒だ。ラッパの音が響くとボウルや金だらいを持った主婦が集まって来る。

昭和20年代半ばから三種の神器と呼ばれた「白黒テレビ、洗濯機、冷蔵庫」のうち、最も普及が遅かったのが冷蔵庫。新鮮な豆腐を売り歩く豆腐屋さんは、暮らしに欠かせない存在だった。

三浦綾子さんサイン会▶

●昭和43（1968）年　●北海道新聞社所蔵

丸井今井旭川店で開かれた旭川文学展最終日、三浦綾子さんのサイン会が開かれた。1時間半の間に訪れたファンは約50人。三浦さんは「なくてはならぬものはひとつだけである」などキリスト教の信仰から得た言葉を、一人一人にていねいに書き贈った。

▼初代移動図書館「あさひ号」

●昭和40年代　●旭川市中央図書館所蔵

昭和44（1969）年、旭川で初めての自動車文庫「あさひ号」が運行を開始した。大型車両いっぱいに本を積み込み、市内遠隔地を回った。到着を待ちわびた近隣住民は本選びの真っ最中。現在は2台の移動図書館が月1回、市内56カ所を巡回している。

▼ゲームセンターにぎわう

●昭和53（1978）年
●北海道新聞社所蔵

　この年、社会現象にもなったインベーダーゲームが登場。それまでの「ゲーム喫茶」は「ゲームセンター」となり、子どもの溜まり場となった。遊んでいるのはインベーダーゲームではなくカーレース。

　この後、ゲームに熱中する児童、生徒が急増したため、ほとんどの学校がゲームセンターへの出入りを禁止するようになり、ゲームセンター人気は下火となっていく。

◀ミニスカートが流行

●昭和45（1970）年　●松下實氏所蔵

　イギリス出身のスーパーモデル、ツイッギー来日で日本に吹き荒れたミニスカート旋風。北国・旭川でも流行スタイルを取り入れる女性が増えた。寒さに負けず膝を出して颯爽と歩く姿は、女性の社会進出への意気込みと重なって見えた。

［第10章］アイヌ文化

旭川には、北海道の先住民であるアイヌ民族にゆかりの深い場所がいくつかある。古くから行われてきた伝統行事を記録した写真も、興味深い内容だ。

▲熊と格闘

●昭和9（1934）年頃
●旭川市博物館所蔵

熊を相手に柔道技で格闘しているのは、アイヌ集落を訪れた観光客であろう。アトラクションの一つとして人気があった。小熊から育て、人に馴れた熊相手ではあるが、危険に備え熟練のアイヌ男性がひとり、闘いの様子を見守っている。

解説

河川流域に住み処を構え、川や山野の恵みによって生活してきたアイヌの人たちは、開拓がはじまると近文の地域に集められ、田畑の耕作に従事することを強要されます。本州などで農業経験を持つ人たちでさえ、北の大地での開拓行為には多くの苦難を伴いました。ましてや自然と共に生活してきたアイヌの人たちにとって、開拓は更なる苦渋の時間を必要としました。しかも開拓の進展は、それまで自由に猟をすることが出来た野山や河川での生活が制限されることになります。その結果、アイヌの人たちの日常生活に大きな影響を与え、伝統的な生活文化は急速に失われていきます。

一方で、時代を経て近文のアイヌの人たちは、アイヌ伝説やアイヌ地名の多い神居古潭などの石狩川流域、嵐山の優れた景観と共に観光産業の中心となっていきました。近文を訪れた人びとの存在が、伝統的なアイヌ文化を今日に伝える役割を担ったといえるでしょう。

知里《ちり》幸恵《ゆきえ》生誕祭

●平成7（1995）年 ●北海道新聞社所蔵

アイヌ民族に伝わるカムイ・ユーカラ（神謡）をまとめた知里幸恵の生誕祭「銀の滴降る日」が、北門中学校校庭にある知里幸恵文学碑前で開かれた。生誕祭は、この碑が建てられた平成２（１９９０）年から毎年、幸恵の誕生日である６月８日に実施されている。参加したのはアイヌの人たちや同中生徒代表、市民ら約１７０人。アイヌ語で神謡集の始まりを歌った後、民族衣裳に身を包んだ20人がカムイノミの儀式をおこない、神に祈りを捧げた。

知里幸恵と金成《かんなり》マツ

●大正初期 ●旭川市中央図書館所蔵

写真左が知里幸恵。明治36（1903）年、登別に生まれ大正11（1922）年に19歳で亡くなるまで13年間、旭川で暮らした。文字を持たなかったアイヌ民族が代々口承してきた物語を日本語に翻訳し、「アイヌ神謡集」としてまとめた。「銀の滴降る降るまはりに」で始まる美しい日本語で、アイヌの価値観、道徳観、伝統文化が綴られている。知里幸恵の伯母であり養母でもある金成マツは高名なユーカラの伝承者。

アイヌ住宅「チセ」

●昭和38（1963）年 ●北海道新聞社所蔵

伝統的なアイヌ住宅「チセ」を作るアイヌたち。旭川周辺のチセは屋根も壁もクマザサを豊富に使った笹葺きの珍しい造りだという。忠実に再現されたチセは、今も川村カ子《ね》トアイヌ記念館に展示されている。

◀アイヌコタンを訪れた皇太子

●昭和33（1958）年　●北海道新聞社所蔵

昭和33（1958）年、旭川を訪れた皇太子明仁親王はアイヌコタンに立ち寄り、アイヌの子守唄、即興詩、ムックリ演奏、女性たちによる鶴の舞などを食い入るように見つめた。見学したチセの中でも興味深げに質問を繰り返し、予定していた時間を30分もオーバーした。

イオマンテ前夜祭の踊り ▶

●昭和39（1964）年
●北海道新聞社所蔵

全道各地域のアイヌを集め、各地のウポポや踊りを発表し、交流を深めようと開かれた「北海道アイヌまつり」。上川、胆振、樺太（北見市など在住）、釧路、十勝、日高の6地区から参加した。写真は、火の神に感謝を捧げるイオマンテ前夜祭の踊り。

▼ 北海道アイヌまつりのアーチ

●昭和39（1964）年8月　●北海道新聞社所蔵

「北海道アイヌまつり」は全道的なアイヌの祭典として初めの試み。5日間の会期中、文化講演会やユーカラ発表会、丸木舟協議会、木彫りコンクールなど多彩な催しが繰り広げられた。

▲商店街に小熊

●昭和26（1951）年頃
●北海道新聞社所蔵

旭川市の中心地に戦後濫立した闇市のひとつが、緑橋通りに店を並べる三央マーケット。熊を広告塔に据えるという奇策で話題を呼んだ。お目見えしたのは生後1年2カ月の小熊、日子丸。近文アイヌの阿部ツカサさんから同マーケットが買い受けた。写真はお別れの踊りを舞う阿部さんら近文アイヌの人々。滅多に見られない光景に黒山の人だかりができた。

▲伝統儀式 カムイノミ

●平成元（１９８９）年
●北海道新聞社所蔵

神居古潭は道北と道央を結ぶ交通の要所でありながら、川の中央に岩石が多く、船で行き交う人が多く命を落とした場所。その河畔で開催された「リバーサイドフェスティバル・こたんまつり」で、アイヌ伝統儀式カムイノミが行われた。旭川チカップニアイヌ民族文化保存会のメンバーが火の神に祈りを捧げたあと、水の神や危難救いの神、海の神のイナウを石狩川に投げ入れるまでをよどみなく行い、集まった約３００人の観客の目を釘付けにした。

▼民族衣裳を現代風に

●平成3（1991）年
●北海道新聞社所蔵

第3回アイヌ民族文化祭では、旭川、釧路、平取など各地の代表が古式舞踊やユーカラなどを披露した。なかでも民族衣裳を現代風にアレンジしたファッションショーが注目を集めた。「渦巻き（モレウ）」「とげのある形（アイウシ）」「うろこ（ラムラムノカ）」の3つを基本に、連続した線で結んでいくのがアイヌ文様の特徴。最近では平成26（2014）年に公開された北海道新幹線の内装にアイヌ文様風の柄が使われるなど、その形状や図案、色彩の印象深さに評価が高まっている。

主要事項年表

幕末

西暦	和暦	事項
一八〇七	文化四	幕府、蝦夷全島を直轄。
一八五七	安政四	幕吏松浦武四郎、石狩川上流検分のため上川に至る。

明治

西暦	和暦	事項
一八六九	明治二	開拓使を設置。蝦夷地を北海道とし、上川を石狩国上川郡とする。
一八八二	明治十五	開拓使廃止。函館・札幌・根室の三県を設置。上川郡は札幌県の管轄に。
一八八五	明治十八	司法大輔・岩村通俊、屯田兵本部長・永山武四郎らと上川に入り、近文山に登り国見。
一八八六	明治十九	函館・札幌・根室の三県を廃し、北海道庁を設置。初代長官に岩村通俊を任命。
一八八八	明治二十一	屯田兵大尉栃内元吉ら、兵村用地選定のため上川原野を調査。
一八八九	明治二十二	永山北海道庁長官が上川に北京設置を建議。
一八九〇	明治二十三	樺戸、空知両監獄署囚徒の使役により、永山屯田兵屋の建築に着手。
		上川郡に神居・旭川・永山の3村を設置する。
一八九一	明治二十四	阿部格太郎、北見道路に第十二号駅逓を開設。
		屯田兵400戸、永山村東・西兵村に入地を開始。
		永山村・旭川村・神居村戸長役場を永山村に設置する。
一八九二	明治二十五	上川郡に神楽村・鷹栖村を設置。
		永山3等郵便局開局。
		札幌警察署旭川分署設置。
		私立小学校共成黌を開く。
一八九三	明治二十六	旭川村・神楽村・神居村・鷹栖村戸長役場を旭川村に置く。
		上川神社仮殿創建。
		旭川郵便電信3等局開局。
一八九四	明治二十七	私設忠別消防組を開設。
一八九五	明治二十八	屯田兵による臨時第七師団が編成され、日清戦争へ出征。
一八九六	明治二十九	北海道官設鉄道上川線（空知太～旭川間）の工事着工。
		第七師団の設置（札幌）。
一八九七	明治三十	旭川警察所を置く。
		上川郡役所を廃し、上川支庁を開庁。
一八九八	明治三十一	北海道官設鉄道上川線、空知太～旭川間開通。
		上川地方大水害。
		私立旭川裁縫専門学校（現・旭川大学高）開校。
一八九九	明治三十二	北海道旧土人保護法施行。
一九〇〇	明治三十三	旭川村を旭川町と改称。
一九〇一	明治三十四	兵庫県の糸屋銀行が旭川支店を開業。
一九〇二	明治三十五	上川測候所で氷点下41度（日本最低気温）を記録。
		旭川町に一級町村制施行。
		第七師団旭川移転の建設工事終了。
一九〇三	明治三十六	庁立上川中学校（現・旭川東高）開校。
一九〇四	明治三十七	石狩川鉄橋工事が完成し、「旭橋」と命名。

昭和・戦前

西暦	和暦	事項
		国策パルプ工業株式会社旭川工場が操業を開始。
一九四一	昭和十六	庁立旭川工業学校（現・旭川工業高）開校。
		大政翼賛会旭川支部が結成される。
一九四二	昭和十七	第七師団の派遣部隊、ガダルカナル島でほぼ全滅。
一九四四	昭和十九	道東地区防備のため、第七師団が帯広へ移駐。
一九四五	昭和二十	旭川市にグラマン機来襲。
		日本の無条件降伏により第七師団解隊。

昭和・戦後

西暦	和暦	事項
		米軍が旭川へ進駐。
		師団通りを平和通りへと改称。
一九四六	昭和二十一	青空市場できる。
		市立図書館開設。
一九四七	昭和二十二	市内電車1条線・4条線を廃止しバス運行に転換。
		旭川タイピスト養成所（現・旭川明成高）創設。
一九四八	昭和二十三	新学制により新制高等学校発足。
一九五〇	昭和二十五	北海道開発大博覧会開催、入場者数51万人。
一九五二	昭和二十七	旭川郷土博物館（旧・北鎮兵事記念館）開館。
一九五三	昭和二十八	保安隊第二管区総監部、旭川に開庁。
		藤学園旭川高等学校（現・旭川藤女子高）開校。
一九五四	昭和二十九	永山村と神楽村に町制施行。
一九五五	昭和三十	神居村・江丹別村を旭川市に編入合併。
一九五六	昭和三十一	私立旭川南高等学校（後に市立、道立に移管）開校。
		旭川市街軌道、市内電車全廃。バス専業とし旭川バスと改称。
一九五八	昭和三十三	龍谷学園旭川高等学校（現・旭川龍谷高）開校。
		市総合庁舎（6条通9丁目）、市公会堂・図書館（常磐公園）が完成。
		HBC旭川放送局、NHK旭川放送局がテレビ放映を開始。
一九五九	昭和三十四	東川村と東旭川村に町制施行。
一九六〇	昭和三十五	第1回旭川冬まつりを開催。
		立正学園旭川実業高等学校開校。
		商業施設を設けた旭川民衆駅が完成。
一九六一	昭和三十六	永山町を旭川市に編入合併。
一九六二	昭和三十七	旭川工業高等専門学校を設置。
		第1回旭川夏まつり開催。
一九六三	昭和三十八	東旭川町を旭川に編入合併。
一九六四	昭和三十九	旭川女子短期大学（現・旭川大短期大学部）開校。
		市立北都商業高等学校（後に旭川南高と統合）開校。
		朝日新聞懸賞小説に三浦綾子の「氷点」が入選、連載を始める。
一九六六	昭和四十一	旭川空港が完成し、東京便就航。
一九六七	昭和四十二	旭山動物園が開園。
一九六八	昭和四十三	神楽町を旭川市に編入合併。

明治

一九〇五　明治三十八
一九〇六　明治三十九
一九〇七　明治四十
一九〇八　明治四十一
一九一〇　明治四十三
一九一二　明治四十五

日露戦争が勃発、第七師団に動員命令。

屯田兵条例が廃止され、屯田兵制度が終了。

北海道拓殖銀行が旭川支店を開設。

北海道銀行が旭川支店を開設。

上川馬車鉄道が旭川駅～近文1線1号間で営業開始。

庁立上川高等女学校（現・旭川西高）を開校。

旭川市街と周辺地域間で電話開通。旭川郵便局が交換業務。

旭川電灯株式会社が旭川市内と神楽村の一部に電灯の点灯開始。

旭川救護院開設。

ハンガリーの軍人・レルヒ中佐が第七師団野砲兵第七聯隊に配属、スキー指導にあたる。

大正

一九一三　大正二
一九一四　大正三
一九一五　大正四
一九一六　大正五
一九一八　大正七
一九一九　大正八
一九二二　大正十一
一九二三　大正十二
一九二四　大正十三
一九二六　大正十五

忠別川架橋工事が完成、大正橋と命名される。

旭川町に区制施行。

区立旭川女子職業学校（後の北都高等女学校）開校。

旭川地方裁判所開庁。

満州駐屯の第七師団にシベリア出兵の動員命令。

旭川商業会議所の設立認可。

区立旭川商業学校（現・旭川商業高）開校。

市制が施行され、旭川など6区が市となる。

洪水発生、中島・常盤通一帯を中心に729戸が浸水。

石北線新旭川～愛別間開通。

北海道旭川師範学校（現・北海道教育大旭川校）開校。

庁立永山農業学校（現・旭川農業高）開校。

鷹栖村を東鷹栖・鷹栖・江丹別の3村に分村。

上川神社を神楽岡御料地内に遷宮。頓宮を常磐公園に造営。

十勝岳が噴火し、上富良野村が罹災。旭川市が救護団を派遣。

旭川に本店を置く糸屋銀行が倒産。

昭和・戦前

一九二七　昭和二
一九二八　昭和三
一九二九　昭和四
一九三一　昭和六
一九三二　昭和七
一九三四　昭和九
一九三五　昭和十
一九三六　昭和十一
一九三九　昭和十四
一九四〇　昭和十五

旭川電気軌道株式会社が旭川～東川間で営業開始。

旭川市都市計画域決定。

旭川市街軌道株式会社が市内電車1条線と4条線を開通させる。

牛朱別川切り替え工事竣工。

道内初めての自動式電話が開通。

第七師団一個混成旅団を編成し、満州へ派遣。

永山村から新旭川地区を市に編入。

旭橋架け替え完了（着工は昭和四年）。

旭川ガス株式会社が市内にガスの供給を開始。

旭川専門店会発足。

天皇陛下、陸軍特別大演習総監に際し旭川を行幸。

大日本国防婦人会旭川本部が発足。

ノモンハン事件勃発により第七師団の部隊が出動。

旭川市立中学校（現・旭川北高）開校。

昭和・戦後

一九六九　昭和四十四
一九七〇　昭和四十五
一九七一　昭和四十六
一九七二　昭和四十七
一九七三　昭和四十八
一九七五　昭和五十
一九七六　昭和五十一
一九七八　昭和五十三
一九七九　昭和五十四
一九八一　昭和五十六
一九八二　昭和五十七
一九八三　昭和五十八
一九八四　昭和五十九
一九八五　昭和六十
一九八六　昭和六十一

北日本学院大学（現・旭川大学）開校。

函館本線滝川～旭川間の複線電化と市内高架化が完成。

旭川大橋が完成し国道12号の路線変更。

東鷹栖村と鷹栖村に町制施行。

函館本線旧線跡にサイクリングロードが完成。

東鷹栖町を旭川市に編入合併。

平和通買物公園が恒久化オープン。

宗谷本線旭川～新旭川間の高架が完成。

旭川医科大学設置。

旭川市民文化会館が開館。

市民の木に「ナナカマド」、市民の花に「ツツジ」を制定。

市民の鳥に「キレンジャク」、市民の虫に「カンタン」を制定。

旭川市総合体育館が開館。

第1回旭川国際バーサー大会開催。

旭川空港にジェット機が就航し、ターミナルビルの営業が開始。

道立旭川美術館開館。

道立旭川凌雲、旭川東栄の両高等学校が開校。

旭川市が平和都市宣言。

スタルヒン球場オープン。

道立旭川21世紀の森開設。

旭川大雪アリーナ開館。

平成

一九八九　平成元
一九九〇　平成二
一九九三　平成五
一九九四　平成六
一九九五　平成七
一九九八　平成十
二〇〇〇　平成十二
二〇〇三　平成十五
二〇〇四　平成十六
二〇〇五　平成十七
二〇〇六　平成十八
二〇〇八　平成二十
二〇一〇　平成二十二
二〇一五　平成二十七

第44回国民体育大会冬季大会（「はまなす国体」スキー競技）開催。

大韓民国水原市と姉妹都市提携。

開基100年記念式典を開催。

道央自動車道、旭川鷹栖ICまで開通。

井上靖記念館開館。

大雪クリスタルホール開館。

市立中央図書館が開館。

中国ハルビン市と友好都市提携。

三浦綾子記念文学館開館。

旭川市、中核市へ移行する。

旭川空港ビルが全面オープン。

北海道国際航空「エア・ドゥ」旭川～羽田線就航。

旭山動物園の7月と8月の月間入園者数が日本一となる。

旭川市科学館「サイパル」開館。

旭川～ソウル間で、旭川初の国際定期便が就航。

旭川新道（約14キロ）全線4車線が開通。

開基120年記念式典が開催される。

鉄道の高架化とともにJR旭川駅新駅舎が完成、一次開業。

JR旭川駅直結の「イオンモール旭川駅前」がオープン。

あとがき

北海道の大地、上川の開拓は、それまで河川流域に分散して生活をしていたアイヌの人たちを、近文地域に集めることから始められました。

明治23（1890）年、北海道庁の告示によって、神居・旭川・永山の三村が設置され、明治24（1891）年以降、永山、旭川、当麻に屯田兵が入植し開拓に従事しています。

日清戦争の後、国の軍備増強方針により、旭川に第七師団を設置することが決定します。これに基づき砂川からの鉄道工事が行われ、開通後直ちに師団の建設に着工、明治35（1902）年に完成しています。札幌から司令部をはじめ歩兵連隊などの諸隊が移駐し、終戦の昭和20（1945）年まで、旭川は第七師団の駐留する都市として知られてきました。

師団が置かれた全国の都市でも、最も師団規模の大きかった旭川の街は、昭和20年以前の人口は9万人前後でした。それが戦後、平和な時代になってから10万人、20万人、30万人と人口を増やしていきます。大正期にはたびたび水害に見舞われたものの、治水工事後はその心配もなく、比較的災害の少ない街として、旭川は札幌に次ぐ北海道第二の都市へと成長してきました。

この写真集は、旭川市民が歩んだ苦難と汗の結晶の記録であり、旭川の歴史そのものです。写真を見て、今日の旭川を築き上げた先人たちの活動に想いを馳せていただければと思います。

戦後70年の節目に当たり、在りし日の街の姿を記憶にとどめ、今後の歩みへと活かしていただけることを願っています。

斉藤　傑

◆各章解説・資料提供　**斉藤　傑**（さいとう　まさる）

昭和15（1940）年旭川市生まれ。小学校の途中で札幌へ移住。札幌西高、明治大文学部卒。旭川郷土博物館、旭川市教育委員会、旭川市彫刻美術館勤務を経て平成13（2001）年に退職。平成16～22（2004～2010）年、北海道文化財保護審査会委員。平成8（1996）年から北海道教育大旭川校非常勤講師。三浦綾子記念文学館副館長。

◆写真提供・特別協力　**松下　實**（まつした　みのる）

大正14（1925）年名寄市生まれ。昭和11（1936）年に旭川に移住。国鉄に勤務する傍ら、昭和25（1950）年頃から身近な街や人々の日常を撮影し始める。昭和45（1970）年に第3回浅岡信一写真賞を受賞。平成17（2005）年、旭川市文化賞受賞。

◆写真説明・編集協力　**渋谷美千代**（しぶや　みちよ）

昭和47（1972）年旭川市生まれ。旭川西高、藤女子短大国文科卒。地元誌や地方新聞の記者を経て平成16（2004）年から約3年、北海道新聞釧路・根室版の取材、執筆を担当。株式会社ノヴェロ旭川支社制作部所属のコピーライター。

◆装丁・レイアウト　佐藤圭樹（有限会社ウィルダネス）

◆構成・編集　菊地賢洋（北海道新聞社）

◆校正　須藤恵梨

◆協力

旭川市博物館／旭川市中央図書館／旭川兵村記念館／旭川アイヌ協議会／株式会社ノヴェロ旭川支社／北海道新聞旭川支社

◆写真・資料提供

松下　實／藤田尚久／川村兼一／旭川市／旭川市中央図書館／旭川市博物館／北鎮記念館／小樽市総合博物館／北海道新聞社

主要参考文献

・「新旭川市史」第１～８巻／旭川市史編集会議編
・「北海道第七師団写真集」／大昭和興産株式会社出版部
・「ふるさとの想い出写真集・旭川」／図書刊行会
・「旭川市街の今昔　まちは生きている（上・下）」／総北海
・「ふるさと旭川」／郷土出版社
・「目で見る旭川の歩み　旭川開基100年記念誌」／旭川市史編集事務局
・「旭川　街並み今・昔」／北海道新聞社

写真が語る旭川　～明治から平成まで～

ISBN978-4-89453-799-6　C0021

2015年11月6日　初版第一刷発行
2016年1月20日　初版第二刷発行
編者　　　北海道新聞社
発行者　　松田敏一
発行所　　北海道新聞社
〒060・8711　札幌市中央区大通西3丁目6
出版センター　（編集）011-210-5742
　　　　　　　（営業）011-210-5744
http://shop.hokkaido-np.co.jp/book/

印刷・製本　　凸版印刷株式会社